講談社 火の鳥 伝記文庫

豊《とよ》臣《とみ》秀《ひで》吉《よし》

天《てん》下《か》統《とう》一《いつ》せよ

岡《おか》田《だ》章《あき》雄《お》 文
寺《てら》田《だ》克《かつ》也《や》 カバー絵
八《や》多《た》友《とも》哉《や》 さし絵

JN223999

はじめに

「さる」とよばれた少年時代《しょうねんじだい》。
ひくい身分《みぶん》の家《いえ》に生《う》まれた秀吉《ひでよし》でしたが、
持《も》ち前《まえ》のあいきょうと機転《きてん》で、
織田信長《おだのぶなが》に引《ひ》きたてられ
ぐんぐん出世《しゅっせ》していきました。
そして、戦国《せんごく》のみだれた世《よ》の中《なか》を、
あらゆる手《て》をつかって生《い》きぬいていきます。
秀吉《ひでよし》は、人《ひと》の心《こころ》を見《み》ぬくことがたくみで、
能力《のうりょく》のある武将《ぶしょう》は味方《みかた》につけ、いっぽうで
裏切《うらぎ》り者《もの》はようしゃなく切《き》りすてました。
ついには信長《のぶなが》のあとをつぎ、天下《てんか》を統一《とういつ》。

すべての権力《けんりょく》をにぎる太閤《たいこう》にまでのぼりつめました。
そして秀吉《ひでよし》は、日本《にっぽん》を制覇《せいは》するだけではあきたらず
朝鮮半島《ちょうせんはんとう》へと出兵《しゅっぺい》します。
「つゆと落《お》ち　つゆと消《き》えにし　わが身《み》かな
　なにわのことも　夢《ゆめ》のまた夢《ゆめ》」
しかし、英雄《えいゆう》の壮大《そうだい》な夢《ゆめ》は、
朝《あさ》つゆのように、はかなく消《き》えました。
戦国時代《せんごくじだい》に太陽《たいよう》のようにかがやいた秀吉《ひでよし》。
うれしいときには、手《て》ばなしでよろこび、
悲《かな》しいときには、声《こえ》をあげて泣《な》きました。
泥《どろ》だらけで戦乱《せんらん》の世《よ》へとかけだした「さる」が
天下人《てんかびと》・豊臣秀吉《とよとみひでよし》になるまで、
史上最大《しじょうさいだい》の逆転劇《ぎゃくてんげき》が、いま始《はじ》まります。

もくじ

1　小《こ》ざると殿《との》さま

小《こ》ざるの誕生《たんじょう》

いまからおよそ500年昔《ねんむかし》、日本《にっぽん》はたくさんの小《ちい》さな国《くに》に分《わ》かれていました。それぞれの国《くに》をおさめている大名《だいみょう》は、たがいに自分《じぶん》の国《くに》をもっと大《おお》きくしようと思《おも》って、ほかの大名《だいみょう》とあらそい、戦争《せんそう》をくりかえしていました。京都《きょうと》には天皇《てんのう》も、また大名《だいみょう》たちの上《うえ》に立《た》つ将軍《しょうぐん》もいたのですが、天皇《てんのう》や将軍《しょうぐん》といっても力《ちから》は弱《よわ》く、その命令《めいれい》はなかなか行《ゆ》きとどかなかったのです。日本中《にほんじゅう》どこへ行《い》っても戦争《せんそう》に明《あ》けくれていたので、このころを戦国時代《せんごくじだい》とよんでいます。

その大名《だいみょう》たちをつぎつぎにせめやぶり、またおさえつけて、やがて全国《ぜんこく》をひとつにまとめあげ、広《ひろ》く世界《せかい》にその名《な》を知《し》られた豊臣秀吉《とよとみひでよし》は、天文《てんぶん》6（1537）年《ねん》に尾張《おわり》の国《くに》（現在《げんざい》の愛知県西部《あいちけんせいぶ》）で生《う》まれました。

　いまは名古屋市《なごやし》の一部《いちぶ》になっていますが、そのころは、ごくさびしい村《むら》だった中村《なかむら》というところです。中村《なかむら》は3つに分《わ》かれて、上《かみ》の中村《なかむら》、中《なか》の中村《なかむら》、そして下《しも》の中村《なかむら》がありました。その、中《なか》の中村《なかむら》に木下弥右衛門《きのしたやえもん》というさむらいが住《す》みついて、農民《のうみん》の仲《なか》間入《まい》りをするようになったのは、秀吉《ひでよし》が生《う》まれる2年《ねん》か3年《ねん》ほどまえのことです。弥《や》右衛門《えもん》はさむらいといっても、身分《みぶん》のひくい足軽《あしがる》でした。馬《うま》に乗《の》っていく殿《との》さまのおともをしたり、お城《しろ》の門番《もんばん》をしたり、いくさのときには、槍《やり》や弓矢《ゆみや》を持《も》って、野山《のやま》をかけまわって、敵《てき》とたたかうのが仕事《しごと》です。

　ところが、あるとき、はげしいいくさがあって、足《あし》に大《おお》けがをしてしまいました。足《あし》が悪《わる》くては足軽《あしがる》の役《やく》に立《た》ちません。そこでしかたなく、この、中《なか》の中村《なかむら》に住《す》みついて、農民《のうみん》になったのです。そして、近《ちか》くの御器所村《ごきそむら》からおよめさんをむかえました。

　こうして、幸《しあわ》せにくらしていたとはいえ、昔《むかし》のことを思《おも》いだすたびに、

「殿《との》さまは、ほんとうにりっぱな方《かた》だ。この足《あし》さえじょうぶだったら、殿《との》さまのため

にご奉公《ほうこう》できるのだが……。」

と言《い》って、ため息《いき》をつくのでした。殿《との》さまというのは、そのころ、この地方《ちほう》に勢力《せいりょく》をもっていた織田備後守信秀《おだびんごのかみのぶひで》のことです。

「わしは、もう二度《にど》とさむらいになることはできない。あきらめるよりほかはない。せめて男《おとこ》の子《こ》が生《う》まれたら、さむらいにして、わしの志《こころざし》をつがせたいものだ。」

弥右衛門《やえもん》は、いつもそう考《かんが》えていました。ちょうどそんなときに男《おとこ》の子《こ》が生《う》まれたので、弥右衛門《やえもん》の喜《よろこ》びは、ひと通《とお》りではありませんでした。元気《げんき》のよい子《こ》でしたが、やせて顔《かお》はしわだらけで、目《め》ばかりぎょろぎょろして、まるで、猿《さる》の子《こ》みたいでした。そのおかしな顔《かお》がかえって、あいきょうがあるので、近所《きんじょ》の人《ひと》たちからも、小《こ》ざる、小《こ》ざるとよばれて、たいそうかわいがられました。

小《こ》ざるは、元気《げんき》にすくすくと育《そだ》ちました。かしこい子《こ》でしたが、なかなか気《き》の強《つよ》い、いたずらっ子《こ》でした。姉《あね》とけんかをすると、いつも姉《あね》のほうが負《ま》けて、泣《な》かされてしまいます。そのたびに、母《はは》は、

「なかよくしなくてはいけません。いまに大人《おとな》になったら、おたがいにいちばんたよりになるのは、きょうだいだけなのですよ。」

と言《い》って、いましめました。

表《おもて》に出《で》れば、近所《きんじょ》の子《こ》どもたちを集《あつ》めて、自分《じぶん》が大将《たいしょう》になるのです。手《て》に手《て》に棒切《ぼうき》れを持《も》った子《こ》どもたちが、たがいに敵《てき》と味方《みかた》に分《わ》かれて、あたりが暗《くら》くなるまで、いくさのまねをして遊《あそ》んでいます。ちびの小《こ》ざるは、身《み》が軽《かる》いので、木《き》に登《のぼ》ったり、やぶの中《なか》をくぐったりするのが得意《とくい》でした。仲間《なかま》をつれて、こっそりと林《はやし》の中《なか》をぬけて、敵《てき》の陣地《じんち》に近《ちか》づいて、いっせいに声《こえ》を上《あ》げてせめこみます。石《いし》を投《な》げる。泥《どろ》をあびせかける。はげしいとっくみあいが始《はじ》まる。

畑《はたけ》ではたらいている人《ひと》びとは、遠《とお》くからそれを見《み》て、

「やっぱり小《こ》ざるはさむらいの子《こ》だ。いまにさむらいになって、大手柄《おおてがら》を立《た》てることだろう。」

と、うわさをしあうのでした。

小《こ》ざるは木《き》に登《のぼ》るのが大《だい》すきで、まただれよりもじょうずでした。高《たか》い木《き》の枝《えだ》にまたがって、遠《とお》くつづいている山《やま》なみを見《み》ていると、夢《ゆめ》は、いくらでも広《ひろ》がっていくのでした。青《あお》い空《そら》にうかぶ雲《くも》は、その山《やま》の上《うえ》をこえて、どこまでも流《なが》れていきます。

「あの雲《くも》の流《なが》れていく果《は》てには、知《し》らない国《くに》が遠《とお》く広《ひろ》がっている。そんな遠《とお》い国《くに》へ行《い》ってみたら、おもしろいだろうな。」

けれども、その山《やま》のあたりは、もうとなりの国《くに》で、おそろしい敵《てき》の殿《との》さまが、城《しろ》をかまえているという話《はなし》を、小《こ》ざるは父《ちち》から聞《き》いていました。そのまた先《さき》には、またべつの国《くに》があるのだそうです。それらの国々《くにぐに》の殿《との》さまは、おたがいにたくさんの兵《へい》をかかえて、相手《あいて》のすきをねらっては、となりの国《くに》にせめこもうとしているのでした。

そのころは、日本中《にほんじゅう》どこへ行《い》っても、そんなおそろしい世《よ》の中《なか》だったのです。

木綿針《もめんばり》とおむすび

小《こ》ざるが7歳《さい》の年《とし》に、父《ちち》の弥右衛門《やえもん》は、重《おも》い病気《びょうき》にかかって死《し》んでしまいました。あとにのこされた母《はは》は、これから先《さき》、ふたりの子《こ》どもをかかえて、どうしてくらしていったらよいか、わかりませんでした。そして人《ひと》からすすめられるままに、死《し》んだ夫《おっと》の友《とも》だちの竹阿弥《ちくあみ》という男《おとこ》と、いっしょにくらすことにしました。小《こ》ざるには、新《あたら》しいお父《とう》さんができたわけです。

この竹阿弥《ちくあみ》は、もともとこの村《むら》に生《う》まれ、弥右衛門《やえもん》といっしょに奉公《ほうこう》をしていたのですが、病気《びょうき》のために、奉公《ほうこう》をやめて、村《むら》に帰《かえ》ってきました。弥右衛門《やえもん》とはたいそう親《した》しくしていたので、小《こ》ざるにとっても、これまで、親切《しんせつ》なおじさんだったのです。

しかし、それから1年《ねん》たち、2年《ねん》たち、新《あたら》しく弟《おとうと》や妹《いもうと》が生《う》まれると、この新《あたら》しい父親《ちちおや》は、まるで人《ひと》がかわってしまったようになりました。

子《こ》どもがふえて、くらしがますます苦《くる》しくなったせいもあるのでしょうか。ずいぶんおこりっぽくなって、村《むら》の人《ひと》たちとはけんかをする、母《はは》や小《こ》ざるたちにはつらく当《あ》たる、畑仕事《はたけしごと》はなまけがちになり、お酒《さけ》を飲《の》んではよっぱらっています。それでも、言《い》い争《あらそ》いもせずに、いつもだまって、せっせとはたらいている母《はは》を見《み》ると、小《こ》ざるはすっかり気《き》のどくになってしまうのでした。

生《う》まれたばかりの妹《いもうと》は、夜中《よなか》でもはげしく泣《な》いて、母《はは》をゆっくり休《やす》ませません。おちちが足《た》りないのです。小《こ》ざるも、もう14歳《さい》になっていました。いつまでも、はなをたらしたわんぱく小僧《こぞう》ではありません。小《こ》ざるは、

「なんとかして、お母《かあ》さんに楽《らく》をさせてあげたいものだ。こうしたまずしい、みじめな生活《せいかつ》から、立《た》ちあがることさえできれば、うちの中《なか》も、きっと明《あか》るくなるにちがいない。そうだ。うちを出《で》て、自分《じぶん》でかせぐことにしよう。そうすれば、お父《とう》さんにも、このうえ迷惑《めいわく》をかけないで、すむというものだ。」

と考《かんが》えました。14歳《さい》といえば、村《むら》の中《なか》でも、もう若者《わかもの》の仲間《なかま》に入《はい》る年《とし》ごろです。どこ

へ行《い》っても、りっぱにはたらくことができます。

母《はは》は、小《こ》ざるからうちを出《で》たいという相談《そうだん》を受《う》けて、はじめのうちはなかなかゆるそうとはしませんでした。けれども、小《こ》ざるがほんとうにうちのことを心配《しんぱい》しているのを知《し》って、なみだを流《なが》しながら、言《い》いました。

「おまえがうちを出《で》ていってしまうことは、お母《かあ》さんにとっては、なによりも悲《かな》しいことです。けれども、死《し》んだお父《とう》さんが、おまえをりっぱなさむらいにするのだと、いつも口《くち》ぐせのように言《い》っていたことを思《おも》うと、いつまでも、このままおまえを引《ひ》きとめておくのはまちがっているようです。こんないなかにうずもれていては、とてもお父《とう》さんの志《こころざし》をつぐことはできないからです。」

母《はは》は立《た》ちあがって、仏《ほとけ》さまのまつってある仏壇《ぶつだん》の中《なか》から、いっぱいお金《かね》の入《はい》った、大《おお》きなふくろをとりだしました。

「このお金《かね》は、死《し》んだお父《とう》さんが、おまえたちきょうだいふたりのためにと、のこしてくれたものです。大《おお》きくなったら分《わ》けてあげようと思《おも》って、これまで手《て》をつけずにしまっておいたのです。これを半分分《はんぶんわ》けてあげます。けっしてむだに使《つか》ってはいけません。これを元手《もとで》にして、自分《じぶん》で身《み》を立《た》て、りっぱな人《ひと》になるように心《こころ》がけなさい。」

次《つぎ》の日《ひ》、朝早《あさはや》く、小《こ》ざるはそのお金《かね》を身《み》につけ、旅《たび》のしたくをととのえて、長《なが》く住《す》みなれた家《いえ》をはなれました。ひとりぼっちの旅《たび》は心細《こころぼそ》いものです。けれども、そんな気《き》の弱《よわ》いことを言《い》っているわけにはいきません。小《こ》ざるは、道々考《みちみちかんが》えました。

「こんなたくさんのお金《かね》を身《み》につけていては、いつ、悪者《わるもの》にとられてしまうともしれない。そうかといってお金《かね》がなければ、ごはんを食《た》べることもできないし、夜《よる》になっても、とめてもらうこともできない。そうだ。このお金《かね》を、なにか役《やく》に立《た》つ品物《しなもの》にかえて、持《も》って歩《ある》くことにしよう。」

殿《との》さまのお城《しろ》のある清須《きよす》（清洲《きよす》とも書《か》く）の町《まち》はにぎやかでした。目《め》のさめるような、きれいな反物《たんもの》を広《ひろ》げて売《う》っている店《みせ》もあります。わらじやかさや、雨《あめ》のふるときに着《き》るみのいなどを、いっぱいつるした店《みせ》もあります。道《みち》ばたにすわりこんで、おもちをならべて売《う》っているおばあさんもいます。魚《さかな》のかごを、肩《かた》にかついで、売《う》って歩《ある》いている男《おとこ》もいます。

トンテンカン、トンテンカンと、力強《ちからづよ》い鎚《つち》の音《おと》が遠《とお》くから聞《き》こえてきます。その音《おと》をたよりに、小《こ》ざるは、ようやく1軒《けん》の鍛冶屋《かじや》をさがしあてました。土間《どま》には、くわや、すきや、鎌《かま》がおいてあります。小《こ》ざるの姿《すがた》を見《み》ると、鍛冶屋《かじや》のおじさんは、手《て》を休《やす》めて、

「おい、小僧《こぞう》。なにか用《よう》かね。」

「おじさんのところに、縫《ぬ》い針《ばり》はありませんか。あったら、ゆずってください。」

「なに、縫《ぬ》い針《ばり》だと、1本《ぽん》や2本《ほん》はあるだろうが……。縫《ぬ》い針《ばり》をなににするのだ。」

「1本《ぽん》や2本《ほん》じゃ、しようがないのです。どっさり買《か》って、いなかへ持《も》っていきたいのです。」

「それじゃだめだ。わしのところでは、針《はり》はこしらえていない。縫《ぬ》い針《ばり》は、小《ちい》さい穴《あな》を空《あ》けるのがとてもむずかしいのだよ。針師《はりし》のところへ行《い》ってごらん。」

鍛冶屋《かじや》のおじさんに教《おし》えられて、小《こ》ざるは、町《まち》はずれにある、針師《はりし》のところをたず

ねていきました。そして、そこで、持《も》っていたお金《かね》をみんな出《だ》して、縫《ぬ》い針《ばり》にかえてしまいました。長《なが》い木綿針《もめんばり》です。

いまでこそ、縫《ぬ》い針《ばり》はいくらでもたやすく買《か》うことができますが、そのころはなかなか手《て》に入《はい》らない、大切《たいせつ》な品《しな》でした。ですから、いなかへ持《も》っていけば、どこの家《いえ》でもたいそうよろこばれたのです。ことにこのあたりの村々《むらむら》では、綿《わた》を植《う》えて、木綿《もめん》をつくる仕事《しごと》をする家《いえ》が多《おお》くなっていました。

日本人《にほんじん》は、この戦国《せんごく》のころまで、木綿《もめん》というものを知《し》らなかったのでした。大陸《たいりく》から、綿《わた》がこの地方《ちほう》につたえられて、はじめて、木綿布《もめんぬの》でつくった、じょうぶな着物《きもの》を着《き》るようになったのです。糸《いと》も木綿《もめん》の糸《いと》を使《つか》うので、木綿針《もめんばり》がいるのです。

小《こ》ざるは清須《きよす》の町《まち》をはなれて、あてもない旅《たび》をつづけました。家《いえ》をはなれて、はじめて旅《たび》に出《で》た少年《しょうねん》にとっては、なにを見《み》てもめずらしいことばかりです。つらいことなど平気《へいき》です。おなかがすけば、お金《かね》の代《か》わりに、用意《ようい》した木綿針《もめんばり》を出《だ》して、ごはんを食《た》べさせてもらいました。わらじが切《き》れれば、また木綿針《もめんばり》と、新《あたら》しいわらじを交換《こうかん》してもらいました。

ある家《いえ》では、ひと晩《ばん》とめてもらったお礼《れい》に、木綿針《もめんばり》を出《だ》したので、そこのおばあさんがたいそうよろこんで、大《おお》きなおむすびを、たくさんこしらえてくれました。

こうして、あちこちと旅《たび》をつづけて、浜松《はままつ》の町《まち》までたどりついたときには、着《き》ていた白《しろ》い木綿《もめん》の着物《きもの》は、あかやほこりでまっ黒《くろ》になっていました。

さむらいになる

浜松《はままつ》の町《まち》はそのころ、もっと東《ひがし》の駿府《すんぷ》（静岡市《しずおかし》）に城《しろ》をかまえている今川義元《いまがわよしもと》という殿《との》さまの領地《りょうち》になっていました。この今川《いまがわ》は清須《きよす》の織田《おだ》とは、敵味方《てきみかた》のあいだがらです。今川《いまがわ》の家来《けらい》にあたる飯尾豊前守《いいおぶぜんのかみ》という殿《との》さまが、この浜松《はままつ》の城《しろ》を守《まも》っていたのです。

この浜松《はままつ》の近《ちか》くの頭陀寺《ずだじ》（頭陀山《ずだやま》）というところに、小《ちい》さな城《しろ》があります。松下加《まつしたか》兵衛というさむらいがその城を守っていましたが、ある日、松下《まつした》は浜松《はままつ》の城《しろ》に用事《ようじ》があって、五、六人《にん》の家来《けらい》をつれて、出《で》かけました。ちょうど、浜松《はままつ》の町《まち》はずれを流《なが》れている川《かわ》のほとりまできたときです。槍《やり》を持《も》って先《さき》に進《すす》んでいた足軽《あしがる》のひとりが、橋《はし》のらんかんにもたれて、まっ赤《か》な柿《かき》の実《み》をかじっている小柄《こがら》な少年《しょうねん》を見《み》かけて、声《こえ》をかけました。

「おい、殿《との》さまのお通《とお》りだぞ。あちらへ行《い》け。」

少年《しょうねん》は、だまって、その足軽《あしがる》の顔《かお》を丸《まる》い大《おお》きな目《め》でにらみつけたまま、そこを動《うご》こうともしません。はらを立《た》てた足軽《あしがる》は、つかつかと少年《しょうねん》のそばに近《ちか》づいて、いきなり肩《かた》をつかみました。ところが、少年《しょうねん》は落《お》ちついたものです。口《くち》をとがらせて、ぷっと、柿《かき》の種《たね》をはきだすと、相手《あいて》の手《て》にしていた、槍《やり》の柄《え》をぐっとおさえて、

「なにをするのだ。」

と、するどくさけびました。馬《うま》の上《うえ》から、このようすを見《み》ていた主人《しゅじん》の松下《まつした》は、

(これは、なかなか度胸《どきょう》のすわった少年《しょうねん》だ。)

と思《おも》ったので、声《こえ》をかけて、足軽《あしがる》の乱暴《らんぼう》をやめさせました。

よく見《み》ると、その少年《しょうねん》は目《め》ばかり大《おお》きくて、まるで猿《さる》みたいな、おかしな顔《かお》をしていました。山《やま》から出《で》てきた猿《さる》が、着物《きもの》を着《き》たのかと思《おも》われるくらいです。しかし、なかなか元気《げんき》があって、はきはきしています。この少年《しょうねん》は、言《い》うまでもなく、あの小《こ》ざるだったのです。

松下《まつした》は、家来《けらい》の武士《ぶし》に言《い》いつけて、少年《しょうねん》の身元《みもと》を調《しら》べさせました。

小《こ》ざるは、また、歯《は》をむきだして柿《かき》の実《み》をかじりながら、死《し》んだ父《ちち》のことや、家《いえ》のこと、ふるさとをはなれて、遠《とお》く旅《たび》をつづけてきたことなどをくわしく話《はな》しました。

家来《けらい》から、その話《はなし》を聞《き》いた松下《まつした》は、わらいながら、

「あの山猿《やまざる》のような子《こ》どもが、さむらいの家《いえ》に奉公《ほうこう》をしたいと申《もう》すのか。これはおもしろい。わしが使《つか》ってやることにしようか。そのつもりならば、あとからついてこいと申《もう》せ。」

と言《い》いのこして、馬《うま》を進《すす》めました。

松下《まつした》は浜松《はままつ》の城《しろ》へ入《はい》ると、さっそく、飯尾豊前守《いいおぶぜんのかみ》に向《む》かって、

「今日《きょう》は、途中《とちゅう》で、不思議《ふしぎ》なものをひろいました。」

「ひろいものをした？　それはなんでござるか。」

「それが世《よ》にも不思議《ふしぎ》なものでござる。猿《さる》のようでもあり、また人間《にんげん》のようでもあり、ともかくめずらしい生《い》きものでござる。まず、ここへよびだしてごらんにいれましょう。」

小《こ》ざるは、さっそく殿《との》さまの前《まえ》によびだされました。猿《さる》と聞《き》いて、お姫《ひめ》さまやかわいい若君《わかぎみ》たちまで出《で》てきて、ふすまのかげからめずらしそうに見《み》ています。

「どうだ、栗《くり》を食《た》べるか。」

目《め》の前《まえ》のおぼんの上《うえ》に、いっぱいもられた栗《くり》を見《み》て、小《こ》ざるはいきなり手《て》を出《だ》すと、前歯《まえば》でその皮《かわ》をむいて、ガリガリと食《た》べました。そのようすが、まるで猿《さる》みたいなので、みんなが大《おお》わらいしました。けれども、小《こ》ざるは平気《へいき》でした。長《なが》いあいだ、さむらいになりたいとねがっていた夢《ゆめ》がようやくかなえられたことが、うれしくてた

まらなかったのです。

やがてふろに入《はい》り、髪《かみ》もゆいなおしました。そして、さっぱりした着物《きもの》を着《き》せてもらい、はかまをつけたところは、なかなかかわいい少年武士《しょうねんぶし》でした。見《み》ちがえるほどりっぱになった姿《すがた》を見《み》て、殿《との》さまをはじめ一同《いちどう》は、びっくりしてしまいました。

松下加兵衛《まつしたかへえ》は、小《こ》ざるをぞうり取《と》りに使《つか》いました。ぞうり取《と》りというのは、いつも主人《しゅじん》のおともをして、はきものを用意《ようい》したり、そろえたりする仕事《しごと》です。かしこくて、正直《しょうじき》で、よく気《き》がきく小《こ》ざるは、主人《しゅじん》からとりわけかわいがられました。そして、しだいに重《おも》く用《もち》いられ、やがて小姓《こしょう》としておそばに仕《つか》えるようになりました。しかもほかの小姓《こしょう》たちもいるのに、小《こ》ざるは、倉《くら》の鍵《かぎ》をあずかるという、いちばん重《おも》い、大事《だいじ》な役目《やくめ》を言《い》いつけられたのです。

いなかから出《で》てきた小《こ》ざるが、わずかのうちにこのようにぐんぐんと出世《しゅっせ》をしたので、ほかの小姓《こしょう》や家来《けらい》たちはおもしろくありません。かげで小《こ》ざるの悪口《わるくち》を言《い》う者《もの》がふえてきました。なんとかして小《こ》ざるをいじめてやろうと、悪《わる》だくみをする者《もの》もあります。そして、財布《さいふ》が見《み》えなくなったといえば、小《こ》ざるがぬすんだのだろうと言《い》いふらします。印籠《いんろう》〔1〕が見《み》えないといえば、小《こ》ざるがとったのではないか、どうも小《こ》ざるは手《て》くせが悪《わる》いようだ、などとうわさをします。

もしそんなうわさが、殿《との》さまの耳《みみ》に入《はい》ったならば、殿《との》さまは小《こ》ざるを信用《しんよう》しなくなって、倉《くら》の鍵《かぎ》などあずけておくことはできないと、小《こ》ざるを追《お》いだすに決《き》まっています。意地《いじ》の悪《わる》い小姓《こしょう》たちは、小《こ》ざるが追《お》いだされるのをねがって、こんな悪《わる》だくみをしたのです。小《こ》ざるはこまってしまいました。

けれども、殿《との》さまは、そのうわさを聞《き》いて、小《こ》ざるをうたがうどころか、ぎゃくに、その悪《わる》だくみをみやぶってしまいました。そして、そっと小《こ》ざるをそばによびよせて、言《い》いました。

「おまえのようなかしこい者《もの》が、人《ひと》の物《もの》をぬすんだりするはずはない。わしがあまりおまえを重《おも》く用《もち》いたので、仲間《なかま》のねたみを受《う》けて、こんないたずらをされるのだ。気《き》にかけることはない。しかし考《かんが》えてみると、毎日《まいにち》そんないやな思《おも》いをして、すごしているというのもかわいそうだ。おまえはまだ年《とし》もわかいし、努力《どりょく》しだいで、いくらでも出世《しゅっせ》できる身《み》だ。思《おも》いきって、わしのもとをはなれて、母上《ははうえ》のところへもどったらどうだ。」

小《こ》ざるがはじめて松下《まつした》に仕《つか》えてから、2年《ねん》あまりの月日《つきひ》がすぎていました。もう18歳《さい》のりっぱな若者《わかもの》です。しかも身分《みぶん》はひくいとはいえ、さむらいになったのですから、一度《いちど》その姿《すがた》を母《はは》に見《み》せてあげたい、と思《おも》った小《こ》ざるは、殿《との》さまからいただいたお金《かね》を身《み》につけ、はじめてこの城《しろ》にきたときとは、すっかりかわった、きりっとしたさむらいの姿《すがた》をして、城《しろ》を出《で》ていきました。

さて、清須《きよす》の町《まち》へもどってきた小《こ》ざるは、城《しろ》で、足軽《あしがる》の頭《かしら》をつとめている一若《いちわか》とい

［1］腰《こし》にさげる平《ひら》べったい小《ちい》さな容器《ようき》。もとは印判《いんばん》や、それをおすときに用《もち》いる顔料《がんりょう》をしみこませたものを入《い》れていた。戦国時代《せんごくじだい》では、おもに薬《くすり》入《い》れとして使《つか》われていた。

う年寄《としよ》りをたずねました。この年寄《としよ》りは、中《なか》の中村《なかむら》の生《う》まれで、死《し》んだ父《ちち》とたいそう仲《なか》のよかった人《ひと》で、たびたび小《こ》ざるの家《いえ》にもきてくれたことがあります。

一若《いちわか》は、しばらく見《み》ないうちに、りっぱな若者《わかもの》になって、刀《かたな》までさしてあらわれた小《こ》ざるの顔《かお》を見《み》て、びっくりしました。

「小《こ》ざるではないか。うちを出《で》て、この3年《ねん》のあいだどこへ行《い》っていたのだ。このあいだも、おまえのところをたずねてみたが、お母《かあ》さんがひどく心配《しんぱい》していたぞ。それにしても、こんなりっぱな姿《すがた》になって帰《かえ》ってきて、さぞ、お母《かあ》さんもよろこぶことだろう。さ、早《はや》く村《むら》へ帰《かえ》ろう。」

こうして小《こ》ざるは、この一若《いちわか》につれられて、ひさしぶりに、ふるさとの村《むら》にもどったのです。母《はは》の喜《よろこ》びは、ひと通《とお》りではありませんでした。やがて、一若《いちわか》は、母《はは》からたのまれて、小《こ》ざるを城《しろ》へつれていって、足軽奉公《あしがるぼうこう》をさせることにしました。

頭《あたま》がよくて、正直《しょうじき》な小《こ》ざるは、ここでも出世《しゅっせ》が早《はや》く、ほどなく一若《いちわか》とならんで、足《あし》軽《がる》たちの頭《かしら》にとりたてられることになりました。もうりっぱなさむらいです。そこで、小《こ》ざるなどという、子《こ》どもっぽいよび名《な》をやめて、藤吉郎《とうきちろう》と名乗《なの》ることにしました。木下《きのした》が姓《せい》ですから、木下藤吉郎《きのしたとうきちろう》です。

秀吉《ひでよし》というようになったのは、もうすこしあとのことですが、わかりやすいように、これからは秀吉《ひでよし》の名《な》を使《つか》います。

こずえの鷹《たか》

そのころ、この清須《きよす》の城《しろ》の殿《との》さまは、父《ちち》の信秀《のぶひで》の死《し》んだあとをついだ織田信長《おだのぶなが》でした。年《とし》は二十をこえたばかりですが、たいそう頭《あたま》のよい、そしていくさのじょうずな武将《ぶしょう》として、おそれられていました。

信長《のぶなが》は、鷹狩《たかが》りがすきでした。鷹狩《たかが》りというのは、鷹《たか》を使《つか》って小鳥《ことり》をとる、いさましいスポーツです。信長《のぶなが》はひまさえあれば鷹狩《たかが》りに出《で》かけ、馬《うま》に乗《の》って、おおぜいの家来《けらい》をつれて山《やま》や野原《のはら》をかけめぐりました。

空《そら》が青《あお》くすみわたった、ある秋《あき》の日《ひ》のことです。信長《のぶなが》はいつものように、軽《かろ》やかな服装《ふくそう》で鷹狩《たかが》りに出《で》かけました。つたやもみじに赤《あか》くそまった野山《のやま》は、すがすがしいながめです。その日《ひ》は思《おも》ったより獲物《えもの》が多《おお》く、信長《のぶなが》はすっかり上《じょう》きげんでした。やがて、もう日《ひ》も西《にし》にかたむいたので、城《しろ》に引《ひ》きあげようとしたときでした。

どうしたはずみか、信長《のぶなが》が日《ひ》ごろかわいがっていた鷹《たか》が、手《て》もとから、にわかにとびあがったかと思《おも》うと、ヒューッと風《かぜ》を切《き》って、まっすぐに近《ちか》くの森《もり》のほうへ、とんでいってしまったのです。大《おお》さわぎになりました。家来《けらい》たちは青《あお》くなって、そのあとを追《お》っていきました。気《き》が短《みじか》くて、おこりっぽい殿《との》さまのことですから、もしその鷹《たか》がつかまらないときには、どんなおとがめを受《う》けるかわかりません。

鷹《たか》は、夕日《ゆうひ》をあびた大《おお》きな杉《すぎ》のこずえにとまっていました。鷹《たか》を飼《か》う係《かかり》の年寄《としよ》りは、夢中《むちゅう》になって、鷹《たか》をよぶ笛《ふえ》を鳴《な》らしました。けれども、鷹《たか》はするどい目《め》を光《ひか》らせたまま、首《くび》を動《うご》かそうともしません。ほかの武士《ぶし》たちは、ただ口《くち》を開《あ》けて、ぼんやりとこずえを見上《みあ》げているばかりです。

そのとき、人《ひと》びとをかきわけて、いきなり、その太《ふと》い木《き》によじのぼっていった若者《わかもの》がいました。足軽《あしがる》のひとりです。なりの小《ちい》さな男《おとこ》ですが、その木《き》登《のぼ》りのじょうずなことといったら、まるで猿《さる》のようです。

「気《き》をつけろよ。」

「鷹《たか》をにがすな。」

人《ひと》びとが大声《おおごえ》でさけんでいるうちに、若者《わかもの》は、ようやく、鷹《たか》のとまっているこずえに近《ちか》づきました。

すると鷹《たか》は、おどろいて、いきなり、もっと高《たか》いほかの木《き》の枝《えだ》にとびうつってしまったのです。そのはずみに、足《あし》につけてあるひもが、首《くび》にからみついたらしく、鷹《たか》は、にわかにバタバタともがきはじめました。早《はや》く助《たす》けなければ、首《くび》がしまって死《し》んでしまうかもしれません。

下《した》で見《み》ていた人《ひと》びとは、気《き》が気《き》ではありません。あの木《き》登《のぼ》りのじょうずな若者《わかもの》が早《はや》くおりてきて、もう一度《いちど》、鷹《たか》を助《たす》けに、その高《たか》い木《き》に登《のぼ》ってくれればよい、と、みんながら同《おな》じようなことを考《かんが》えていました。

ところが、杉《すぎ》のこずえの若者《わかもの》は、両手《りょうて》で枝《えだ》をしっかりつかむと、木《き》を大《おお》きくゆさぶりはじめました。勢《いきお》いをつけてから、ぱっと、となりの木《き》にとびうつり、枝《えだ》から枝《えだ》をわたって、たちまち、苦《くる》しんでいる鷹《たか》のそばへ、近《ちか》づいていったのです。

こうして鷹《たか》は、この元気《げんき》な若者《わかもの》の手《て》にだかれて、木《き》をおりてきました。やがて、鷹《たか》は係《かかり》の年寄《としよ》りの手《て》から、信長《のぶなが》の前《まえ》にとどけられました。信長《のぶなが》も、この若者《わかもの》の、まるで猿《さる》のように身《み》の軽《かる》い、すばしこいわざを、遠《とお》くから見《み》て、感心《かんしん》していたのです。遠《とお》くのほうで地面《じめん》にひざをついて、かしこまっている若者《わかもの》に向《む》かって、

「近《ちか》くへまいれ。ご苦労《くろう》だった。いずれほうびをとらせよう。顔《かお》を上《あ》げよ。名前《なまえ》はなんというのか。」

「はい、木下藤吉郎《きのしたとうきちろう》と申《もう》します。」

と、若者《わかもの》が答《こた》えました。

秀吉《ひでよし》は、こうしてはじめて主君《しゅくん》の信長《のぶなが》に、その名《な》をおぼえられることになったので

す。身分《みぶん》はひくい足軽《あしがる》ですが、秀吉《ひでよし》はこれからのちも、いつも、信長《のぶなが》のために力《ちから》をつくし、いくさのときにはかならずおともをして、たびたび手柄《てがら》を立《た》てました。そこで、信長《のぶなが》も、この秀吉《ひでよし》という足軽《あしがる》は、体《からだ》は小《ちい》さくて、猿《さる》のような顔《かお》をしているけれども、なかなか勇気《ゆうき》があって、役《やく》に立《た》つ男《おとこ》だと、とりわけ目《め》をかけるようになりました。

たきぎの小屋《こや》

秀吉《ひでよし》はべつに出世《しゅっせ》をしようと思《おも》って、殿《との》さまの信長《のぶなが》にとりいったわけではありません。ただ、自分《じぶん》にわりあてられた仕事《しごと》を、責任《せきにん》をもって真面目《まじめ》にはたしていただけです。それでもかしこい人《ひと》ですから、ほかの人《ひと》には思《おも》いもつかないようなくふうを考《かんが》えだして、仕事《しごと》のむだをはぶくことにつとめたので、なにかと、人《ひと》びとのうわさにのぼり、その評判《ひょうばん》が、殿《との》さまの耳《みみ》にも入《はい》ることになったのでした。

こんなこともありました。

秀吉《ひでよし》が、城《しろ》の中《なか》で、たきぎや炭《すみ》の出《だ》し入《い》れをとりあつかう役《やく》を言《い》いつけられたときのことです。たきぎや炭《すみ》は、近《ちか》くの村々《むらむら》から買《か》いあげて、城《しろ》に運《はこ》びこませ、広《ひろ》い小屋《こや》に山《やま》のように積《つ》みあげてあります。

城《しろ》に住《す》んでいるたくさんの人《ひと》びとが、たきぎがほしい、炭《すみ》がほしいと言《い》えば、それをわたしてやる、足《た》りなくなれば買《か》いあげて、物置《ものおき》をいっぱいにしておくのが、係《かかり》の者《もの》の役目《やくめ》です。秀吉《ひでよし》は、まえにその役《やく》をしていた係《かかり》の者《もの》が、その出《だ》し入《い》れを書《か》きつけておいた帳面《ちょうめん》を、よく調《しら》べてみました。

「ずいぶん、むだづかいが多《おお》いようだ。こんなにたくさんいるはずはない。」

そう思《おも》った秀吉《ひでよし》は、次《つぎ》の日《ひ》から、自分《じぶん》で火《ひ》をもやしてみて、一日《いちにち》に、ごはんをたいたり、お湯《ゆ》をわかしたりするのに、どのくらいたきぎや炭《すみ》を使《つか》ったらじゅうぶんか、ためしてみました。また、城《しろ》の中《なか》のあちこちの家《いえ》のかまどやいろりを見《み》てまわりました。どこの台所《だいどころ》へ行《い》っても、むだづかいが目立《めだ》ちました。なくなれば、あとからいくらでも手《て》に入《はい》ると思《おも》えば、だれでも気《き》をゆるしてしまうからです。小《ちい》さなむだづかいでも、それが重《かさ》なって、城全体《しろぜんたい》となれば、大《おお》きなむだになります。

このことに気《き》がついた秀吉《ひでよし》は、さっそく、たきぎや炭《すみ》の出《だ》し入《い》れをきびしくして、むだづかいができないようにしてしまいました。そのため、それまでは、4か月《げつ》か5か月《げつ》で使《つか》いはたしてしまったたきぎや炭《すみ》が、1年《ねん》あまりしても、使《つか》いきれずにのこるようになりました。のこっていれば、それだけ買《か》いいれないですみます。そのお金《かね》を、もっとほかの、役《やく》に立《た》つことに使《つか》うことができます。

信長《のぶなが》はこのことを聞《き》いて、たいそう感心《かんしん》して、

「なかなか見《み》どころのある男《おとこ》だ。たきぎ小屋《ごや》の係《かかり》などをさせておくのはおしいものだ。」

と言《い》いました。

そのころ、はげしいあらしのために、城《しろ》の石垣《いしがき》が、200メートルほども、くずれてしまったことがありました。もし、敵《てき》がそこからせめこんでくれば、とうていふせ

ぐことはできません。早《はや》く直《なお》してしまわなければなりません。そこで信長《のぶなが》は、ひとりの家来《けらい》を係《かかり》の役人《やくにん》にして、その石垣《いしがき》を積《つ》みなおす工事《こうじ》をさせることにしました。おおぜいの人夫《にんぷ》や大工《だいく》、左官《さかん》などを集《あつ》めて工事《こうじ》にとりかかりましたが、5日《いつか》たっても、10《とお》日《か》たっても、なかなか仕事《しごと》がはかどりませんでした。

秀吉《ひでよし》はそれを見《み》て、ひとりごとを言《い》いました。

「いくらおおぜいの人数《にんずう》を使《つか》っても、上《うえ》に立《た》って指図《さしず》をする者《もの》がしっかりしていないから、こんなことになるのだ。もし、わたしがその係《かかり》になっていたならば、このくらいの工事《こうじ》は、もうりっぱにしあげていたにちがいない。」

心《こころ》から城《しろ》のことを心配《しんぱい》して、そう言《い》ったのですが、その言葉《ことば》がいつしか、係《かかり》の役人《やくにん》の耳《みみ》に入《はい》りました。役人《やくにん》ははらを立《た》てて、そのことを信長《のぶなが》にうったえました。すると信長《のぶなが》は、

「あの男《おとこ》ならやるかもしれない。かわって仕事《しごと》をやらせてみたらどうだ。」

と言《い》いました。

さて、その役目《やくめ》を言《い》いつかった秀吉《ひでよし》は、さっそく人夫《にんぷ》たちを集《あつ》めて、

「この城《しろ》がこんなにいたんでいるということが、もしとなりの国《くに》に知《し》れたならば、いつ、敵《てき》の大軍《たいぐん》がおしよせてくるかもわからない。敵《てき》がせめてくれば、町《まち》も村《むら》も戦場《せんじょう》になって、家《いえ》は焼《や》かれ、年寄《としよ》りも子《こ》どもも、男《おとこ》も女《おんな》も、みな殺《ごろ》しにされてしまうのだ。そんなおそろしいことにならないように、一日《いちにち》も早《はや》く、工事《こうじ》をしあげてしまわなければならない。そのためには、これまでのようなやり方《かた》は、あらためなければいけない。」

秀吉《ひでよし》は、おおぜいの人夫《にんぷ》たちを1列《れつ》にならべて、それを10の組《くみ》に分《わ》けました。そして、第《だい》1の組《くみ》は、ここからここまでの工事《こうじ》にあたる。第《だい》2の組《くみ》はここからここまで、と、200メートルのくずれた石垣《いしがき》を、20メートルずつそれぞれの組《くみ》にわりあてたのです。しかも、ほかの組《くみ》とたがいに競争《きょうそう》して、早《はや》く工事《こうじ》をしあげた組《くみ》の者《もの》には、たくさんのほうびを出《だ》すことにしよう、と約束《やくそく》しました。

人夫《にんぷ》たちはよろこんで、さっそく工事《こうじ》にかかりました。泥《どろ》を運《はこ》ぶ者《もの》、材木《ざいもく》をかつぐ

者《もの》、石《いし》を運《はこ》んでいく者《もの》、なまける者《もの》はひとりもいません。工事《こうじ》はみるみるうちに進《すす》んで、二、三日《にち》のあいだに、石垣《いしがき》は元《もと》のようにきずきあげられ、塀《へい》ややぐらも、りっぱにできあがりました。夜《よる》になって、ところどころにたいまつをともして、できあがったお祝《いわ》いをしました。ちょうどそこへ、鷹狩《たかが》りから帰《かえ》ってきた信長《のぶなが》が、馬《うま》に乗《の》って通《とお》りかかりました。

信長《のぶなが》はおともの家来《けらい》に向《む》かって、

「なかなか早《はや》く、りっぱにできあがったではないか。やっぱりわしの目《め》に、くるいはなかった。この男《おとこ》は、なにをやらせてもりっぱにやりとげる、かしこい男《おとこ》だ。ほうびをとらせてやろう。」

秀吉《ひでよし》はほうびのお金《かね》をたくさんもらいましたが、それをみんな、この工事《こうじ》のためにはたらいた人《ひと》びとに分《わ》けてやりました。

こうして、秀吉《ひでよし》は殿《との》さまからは、ますます信用《しんよう》を受《う》け、また、目下《めした》の人《ひと》びとからは、たいそうしたわれるようになったのです。

2 信長《のぶなが》に仕《つか》えて

墨俣《すのまた》の城《しろ》

信長《のぶなが》にとっていちばん手強《てごわ》い敵《てき》は、東《ひがし》どなりの、東海地方《とうかいちほう》の国々《くにぐに》に大《おお》きな勢《いきお》いをふるうようになった今川義元《いまがわよしもと》でした。義元《よしもと》とは、信長《のぶなが》の父信秀《ちちのぶひで》のころから、たびたびいくさをくりかえして、たがいに領地《りょうち》をあらそっていたのでした。

義元《よしもと》の根城《ねじろ》は、いまの静岡市《しずおかし》にありました。まっ白《しろ》な雪《ゆき》をいただいて、高《たか》く大空《おおぞら》にそびえる富士山《ふじさん》を後《うし》ろに、明《あか》るい南《みなみ》の海《うみ》をのぞむ広《ひろ》い土地《とち》をおさめていたのです。富《ふ》士山《じさん》の北《きた》にあたる甲斐《かい》の国《くに》（山梨県《やまなしけん》）には、武田信玄《たけだしんげん》という、たいそういくさのじょうずな大名《だいみょう》がいます。

また、箱根山《はこねやま》をこえた小田原《おだわら》に城《しろ》をかまえて、関東地方《かんとうちほう》の国々《くにぐに》をしたがえていた北《ほう》条氏康《じょううじやす》も、義元《よしもと》にとって、油断《ゆだん》のならない相手《あいて》でした。そこで義元《よしもと》は、その武田《たけだ》や北条《ほうじょう》と手《て》をにぎって、おたがいにいくさをしないと、約束《やくそく》をかためてから、2万《まん》5000人《にん》の大軍《たいぐん》を引《ひ》きつれて、信長《のぶなが》の根城《ねじろ》の清須《きよす》を目指《めざ》しておしよせてきました。

国《くに》ざかいにあるふたつの城《しろ》が、敵《てき》の大軍《たいぐん》にとりかこまれたという知《し》らせを受《う》けて、信長《のぶなが》は覚悟《かくご》を決《き》めました。その大軍《たいぐん》が城《しろ》におしよせてくるのを待《ま》っていては、とうてい、勝《か》てる見《み》こみはありません。夜《よ》の明《あ》けるのも待《ま》たず、出撃《しゅつげき》の命令《めいれい》を下《くだ》すと、先《さき》に立《た》って、馬《うま》を走《はし》らせ、城《しろ》の門《もん》を出《で》ました。そのあとにしたがった軍勢《ぐんぜい》は2000人《にん》ほどでした。秀吉《ひでよし》もそのなかに交《ま》じっていたのです。

いくさになれている信長《のぶなが》は、敵《てき》が油断《ゆだん》をしているすきに、桶狭間《おけはざま》の義元《よしもと》の本陣《ほんじん》に切《き》りこんで、義元《よしもと》の首《くび》をとってしまいました。義元《よしもと》は、勝《か》ちいくさに気《き》をゆるして、この桶狭間《おけはざま》まで来《く》ると、家来《けらい》たちを集《あつ》めて、お祝《いわ》いの酒盛《さかも》りをしていたのでした。

桶狭間《おけはざま》の戦《たたか》いで、義元《よしもと》をほろぼしたので、信長《のぶなが》の勢《いきお》いは、ぐんぐんと大《おお》きくなっていきました。

その勢《いきお》いに乗《の》って、信長《のぶなが》は、北《きた》どなりの美濃《みの》の国《くに》（岐阜県南部《ぎふけんなんぶ》）にせめいることにしました。この美濃《みの》の国《くに》をおさめている斎藤龍興《さいとうたつおき》は、稲葉山城《いなばやまじょう》（岐阜市《ぎふし》）を根城《ねじろ》として、まえから、信長《のぶなが》とたびたびいくさをしていたのです。

この稲葉山城《いなばやまじょう》は、長良川《ながらがわ》をのぞむけわしい山《やま》の上《うえ》にきずかれた、りっぱな城《しろ》で、この城《しろ》をせめおとすのは、たやすいことではありません。

信長《のぶなが》は家来《けらい》を集《あつ》めて、いろいろ相談《そうだん》したすえに、その稲葉山城《いなばやまじょう》に近《ちか》い墨俣《すのまた》というところに、新《あたら》しく、とりでをきずくことに決《き》めました。この墨俣《すのまた》は、稲葉山《いなばやま》のそばを流《なが》れる長良川《ながらがわ》が木曾川《きそがわ》に流《なが》れこむあたりで、ここにたくさんの軍勢《ぐんぜい》をおくことができれば、稲葉山《いなばやま》にせめよせるのに都合《つごう》がよい、と思《おも》われたのです。しかしこの墨俣《すのまた》は、大《おお》きな川《かわ》をこえた向《む》こう側《がわ》の敵方《てきがた》の土地《とち》です。とりでをきずくといっても、たやすい仕《し》事《ごと》ではありません。いくさをしながら、工事《こうじ》をしなければならないからです。

信長《のぶなが》はこのむずかしい役目《やくめ》を、秀吉《ひでよし》に言《い》いつけました。秀吉《ひでよし》ならば、どんなむずかしい仕事《しごと》でも、かならずやりとげるにちがいない、と信長《のぶなが》は考《かんが》えていたのでした。

秀吉《ひでよし》は、村々《むらむら》に住《す》んでいる浪人《ろうにん》（牢人《ろうにん》）たちの力《ちから》を集《あつ》めて、この工事《こうじ》を進《すす》めることにしました。浪人《ろうにん》というのは、元《もと》は、どこかの大名《だいみょう》に仕《つか》えていたさむらいで、その大名《だいみょう》がほろぼされてしまったため、農民《のうみん》の中《なか》に入《はい》って生活《せいかつ》している人《ひと》たちです。長《なが》いあいだ、世《よ》の中《なか》がみだれていたために、浪人《ろうにん》の数《かず》は多《おお》かったのです。この浪人《ろうにん》たちは、いくさにはなれていますし、いつもなにか手柄《てがら》を立《た》てて、また、さむらいとしてとりたてられる日《ひ》を待《ま》っていたのです。おおぜいの浪人《ろうにん》が、よろこんで秀吉《ひでよし》のもとに集《あつ》まってきました。

秀吉《ひでよし》は、まずたくさんの材木《ざいもく》や竹《たけ》をはじめ、とりでをきずくのになくてはならない材料《ざいりょう》を、川《かわ》のほとりに集《あつ》め、すぐにそれを組《く》みたてられるように、すっかり用意《ようい》をさせました。

そして、いかだを組《く》んで、夜《よる》のうちにそれを川向《かわむ》こうに運《はこ》ばせ、すぐに工事《こうじ》にとりかかりました。そのことを知《し》って、敵《てき》の軍勢《ぐんぜい》がせめよせてきましたが、浪人《ろうにん》たちは、よくふせいで、敵《てき》をよせつけません。敵《てき》がせめてくれば、はげしく向《む》かっていく。敵《てき》がひけば、とりでの工事《こうじ》を進《すす》める。

こうして、日一日《ひいちにち》と工事《こうじ》は進《すす》んで、1週間《しゅうかん》もたたないうちにりっぱなとりでができあがってしまいました。とりでができると、清須《きよす》の城《しろ》からたくさんの兵《へい》が送《おく》られ、弓《ゆみ》矢《や》や、槍《やり》、なぎなたなどの武器《ぶき》も、たくさん運《はこ》ばれてきます。食糧《しょくりょう》もたくわえられます。

そのころ信長《のぶなが》は、根城《ねじろ》を清須《きよす》から、美濃《みの》の国《くに》に近《ちか》い小牧山《こまきやま》にうつしていました。そして、秀吉《ひでよし》がきずいた墨俣《すのまた》の城《しろ》を足《あし》がかりにして、永禄《えいろく》10（1567）年《ねん》、稲葉山城《いなばやまじょう》をせめおとし、そこに入《はい》りました。

この地《ち》が岐阜《ぎふ》と名《な》をあらためられたのも、そのときのことです。信長《のぶなが》は、このころから、早《はや》く京都《きょうと》にのぼって、全国《ぜんこく》の大名《だいみょう》たちをおさえつけ、日本全体《にっぽんぜんたい》をひとつにまとめる大《おお》きな仕事《しごと》をしたいものだ、それが自分《じぶん》にはできるのだ、と自分《じぶん》の力《ちから》を信《しん》じるようになりました。

それにつけても、秀吉《ひでよし》の大《おお》きな手柄《てがら》をわすれることはできません。信長《のぶなが》は、そこで秀吉《ひでよし》を大将《たいしょう》のひとりとしてとりたて、大将《たいしょう》の印《しるし》の旗《はた》や、指《さ》し物《もの》を用《もち》いることを、ゆるすことにしました。

日本《にっぽん》の中心《ちゅうしん》にあたる京都《きょうと》に、はじめて都《みやこ》が定《さだ》められてから、このころまで、およそ770年《ねん》の年月《としつき》がたっていました。天皇《てんのう》の御所《ごしょ》があって、はじめは天皇《てんのう》が国《くに》の政治《せいじ》を行《おこな》っていたのですが、その政治《せいじ》を武士《ぶし》の上《うえ》に立《た》つ将軍《しょうぐん》が動《うご》かすようになってからは、天皇《てんのう》の勢《いきお》いは弱《よわ》くなってしまいました。

源頼朝《みなもとのよりとも》がはじめて関東《かんとう》の鎌倉《かまくら》に開《ひら》いた幕府《ばくふ》（将軍《しょうぐん》が政治《せいじ》を行《おこな》うところ）が、およそ140年《ねん》つづいたあと、足利尊氏《あしかがたかうじ》が京都《きょうと》に幕府《ばくふ》を開《ひら》いて将軍《しょうぐん》になりました。ところが、地方《ちほう》の国々《くにぐに》で、武士《ぶし》の力《ちから》がしだいに大《おお》きくなり、たがいにはげしいいくさを重《かさ》ねて、相手《あいて》をたおし、大《おお》きな勢力《せいりょく》を積《つ》みあげた者《もの》が大名《だいみょう》になりました。これらの大名《だいみょう》は、京都《きょうと》にいる足利《あしかが》の将軍《しょうぐん》の言《い》うことなど聞《き》かなくなり、このころになると、それぞれの地方《ちほう》で、まるで王《おう》さまのような勢《いきお》いをふるっていたのです。

ちょうど信長《のぶなが》が岐阜《ぎふ》の城《しろ》のあるじになって、京都《きょうと》へせめのぼろうと考《かんが》えていたころ、足利義昭《あしかがよしあき》が信長《のぶなが》をたよって、この城《しろ》にやってきました。義昭《よしあき》は、反抗《はんこう》する大名《だいみょう》たちによって将軍《しょうぐん》である兄《あに》が殺《ころ》され、身《み》の危険《きけん》を感《かん》じてにげだしてきたのでした。義昭《よしあき》は、力《ちから》のある大名《だいみょう》の助《たす》けをかりて、次《つぎ》の将軍《しょうぐん》になることをねがっていました。

こうして信長《のぶなが》は義昭《よしあき》の後《うし》ろだてとして、京都《きょうと》へ乗《の》りこんでいきました。そして、手向《てむ》かいをする大名《だいみょう》たちの軍勢《ぐんぜい》を追《お》いちらして、義昭《よしあき》を将軍《しょうぐん》にしてやりました。

戦国時代《せんごくじだい》とよばれている、みだれた世《よ》の中《なか》が100年《ねん》あまりもつづいていたので、京都《きょうと》の町《まち》もすっかり荒《あ》れはてていました。信長《のぶなが》はその立《た》てなおしに力《ちから》を注《そそ》いで、将軍《しょうぐん》義昭《よしあき》のためには、りっぱな二条城《にじょうじょう》［1］をつくりました。

ところが、こののち、信長《のぶなが》の勢《いきお》いが日《ひ》ましに大《おお》きくなっていくのを見《み》て、義昭《よしあき》はかえって、地方《ちほう》の大名《だいみょう》たちの力《ちから》をかりて、信長《のぶなが》をたおそうとたくらむようになりました。こうなっては、信長《のぶなが》もだまっていることはできません。とうとう、元亀《げんき》4（1573）年《ねん》に、義昭《よしあき》を京都《きょうと》から追《お》いだして、足利《あしかが》の幕府《ばくふ》をほろぼしてしまったのです。

信長《のぶなが》は、自分《じぶん》の力《ちから》で、大名《だいみょう》たちをおさえつけ、日本《にっぽん》の国全体《くにぜんたい》をひとつにまとめようという大《おお》きな望《のぞ》みをもっていました。しかし、清須《きよす》の城《しろ》にいたころとちがって、いまでは四方《しほう》から敵《てき》に囲《かこ》まれているようなものでした。国々《くにぐに》の大名《だいみょう》が、それぞれ自分《じぶん》が京都《きょうと》へのぼって、信長《のぶなが》をたおして、全国《ぜんこく》の大名《だいみょう》たちの上《うえ》に立《た》ちたいと、おりをうかがっているからです。

信長《のぶなが》が、こうしてあちこちで、はげしいいくさを重《かさ》ねていたころ、その手足《てあし》となって、信長《のぶなが》を助《たす》けていた大将《たいしょう》のひとりが秀吉《ひでよし》です。秀吉《ひでよし》は、そのりっぱな人柄《ひとがら》と、すぐれた才能《さいのう》とを信長《のぶなが》に見《み》こまれ、だんだんに重《おも》くとりたてられて、いまでは、信長《のぶなが》にとってなくてはならない、大切《たいせつ》な家来《けらい》になっていたのでした。

同《おな》じ信長《のぶなが》の家来《けらい》のなかに、丹羽長秀《にわながひで》・柴田勝家《しばたかついえ》というりっぱな大将《たいしょう》がいました。秀《ひで》

［1］現在《げんざい》の京都市上京区《きょうとしかみぎょうく》にあった城《しろ》。いまものこっている二条城《にじょうじょう》は、徳川家康《とくがわいえやす》がきずいた別《べつ》の城《しろ》である。

吉《よし》は、このふたりのようなすぐれた大将《たいしょう》になりたいと考《かんが》え、ふたりの姓《せい》から一字《じ》ずつとって、羽柴《はしば》と名乗《なの》りました。

将軍《しょうぐん》の義昭《よしあき》が、信長《のぶなが》のために京都《きょうと》から追《お》いだされてしまった年《とし》の夏《なつ》、まえから信長《のぶなが》に手向《てむ》かっていた越前《えちぜん》（福井県北部《ふくいけんほくぶ》）の朝倉義景《あさくらよしかげ》と、近江《おうみ》（滋賀県《しがけん》）の浅井長政《あざいながまさ》がほろぼされました。城《しろ》ぜめに、はげしいいくさが重《かさ》ねられたのですが、なかでも、この羽《は》柴秀吉《しばひでよし》の立《た》てた手柄《てがら》がいちばん大《おお》きかったのです。

越前《えちぜん》から近江《おうみ》にかけて、つまり琵琶湖《びわこ》のほとりに勢《いきお》いをふるっていた、手強《てごわ》い敵《てき》が、ほろびてしまったのですから、信長《のぶなが》は大喜《おおよろこ》びです。この手柄《てがら》によって、秀吉《ひでよし》は、近江《おうみ》に広《ひろ》い領地《りょうち》をもらいました。りっぱな大名《だいみょう》になることができたのです。

りっぱな城《しろ》が長浜《ながはま》にできました。長浜《ながはま》は琵琶湖《びわこ》にそった景色《けしき》のよいところで、元《もと》は今浜《いまはま》とよんでいたのです。ちょうど、城《しろ》ができあがったときに、秀吉《ひでよし》の家来《けらい》のひとりが、お祝《いわ》いの歌《うた》をよみました。それは次《つぎ》のような歌《うた》です。

君《きみ》が代《よ》も　わが代《よ》もともに　長浜《ながはま》の

まさごの数《かず》の　つきやらぬまで
殿《との》さまの時代《じだい》は、長《なが》く長《なが》くいつまでもさかえることでしょう。わたしたちもまた、殿《との》さまのおかげで長《なが》くさかえていきたいものです。ちょうどこの長浜《ながはま》の細《こま》かい砂《すな》の数《かず》が、数《かぞ》えても数《かぞ》えきれないように、という意味《いみ》です。

秀吉《ひでよし》は、このおめでたい歌《うた》を見《み》て、

「なかなか縁起《えんぎ》のよい歌《うた》だ。このなかにある長浜《ながはま》という名《な》をとって、この土地《とち》の名前《なまえ》にしよう。」

と言《い》いました。そこで、それまで今浜《いまはま》とよんでいた土地《とち》が、それからは長浜《ながはま》とよばれることになったのです。

高松城《たかまつじょう》の水《みず》ぜめ

こうして、尾張《おわり》から美濃《みの》・近江《おうみ》、そして京都《きょうと》付近《ふきん》の国々《くにぐに》が、すべて信長《のぶなが》の手《て》に入《はい》ってしまいました。広《ひろ》い土地《とち》をもっていれば、年貢《ねんぐ》の米《こめ》が多《おお》く集《あつ》まり、たくさんの軍勢《ぐんぜい》を動《うご》かすことができます。鉄砲《てっぽう》も、じゅうぶんにそろえることができます。

鉄砲《てっぽう》がポルトガル人《じん》によってはじめて日本《にっぽん》につたえられたのは、天文《てんぶん》12（1543）年《ねん》のことですから、ちょうど秀吉《ひでよし》が数《かぞ》え年《どし》7歳《さい》のときです。それまでいくさに使《つか》われていた、弓矢《ゆみや》や刀《かたな》・槍《やり》・なぎなたなどにくらべて、鉄砲《てっぽう》の力《ちから》はおそろしいものに思《おも》われました。

そこで大名《だいみょう》たちの間《あいだ》でも、この新《あたら》しい兵器《へいき》をいくさに使《つか》うようになりましたが、なかでも信長《のぶなが》は、だれよりも熱心《ねっしん》でした。その軍勢《ぐんぜい》のなかには鉄砲隊《てっぽうたい》がいて、手強《てごわ》い敵《てき》を打《う》ちやぶったのです。

京都《きょうと》をはなれた遠《とお》い地方《ちほう》には、まだ信長《のぶなが》にしたがわない大名《だいみょう》もありましたが、信長《のぶなが》は、その威勢《いせい》を日本中《にほんじゅう》にしめそうとして、琵琶湖《びわこ》のほとりの安土山《あづちやま》（滋賀県近江八幡市《しがけんおうみはちまんし》）に、これまでだれも見《み》たこともなかったほど、りっぱな、大《おお》きな城《しろ》をきずきました。

そのころ、秀吉《ひでよし》は、信長《のぶなが》から、中国地方《ちゅうごくちほう》（広島県《ひろしまけん》・山口県《やまぐちけん》・岡山県《おかやまけん》・島根県《しまねけん》・鳥取県《とっとりけん》）に大《おお》きな勢力《せいりょく》をもっている毛利輝元《もうりてるもと》とたたかうようにと、命令《めいれい》を受《う》けました。毛利氏《もうりし》は、輝元《てるもと》のおじいさんにあたる元就《もとなり》のころから、安芸《あき》（広島県西部《ひろしまけんせいぶ》）地方《ちほう》をおさめ、中国地方一帯《ちゅうごくちほういったい》に力《ちから》をのばし、信長《のぶなが》に手向《てむ》かっていたのでした。

このの ち秀吉《ひでよし》は、三、四年《ねん》のあいだ、毛利方《もうりがた》の大名《だいみょう》を相手《あいて》に、あちこちではげしいいくさを重《かさ》ねました。そのあいだに姫路《ひめじ》に城《しろ》をきずいて、ここを根城《ねじろ》と決《き》めてからは、さすがの毛利氏《もうりし》の勢《いきお》いも、しだいに秀吉《ひでよし》のためにおさえられることになりました。

天正《てんしょう》10（１５８２）年《ねん》の春《はる》のことです。秀吉《ひでよし》は、毛利《もうり》の家来《けらい》の清水宗治《しみずむねはる》がかためている備中《びっちゅう》（岡山県西部《おかやまけんせいぶ》）の高松城《たかまつじょう》をせめるために、新《あたら》しいいくさを始《はじ》めました。

「おとなしく降参《こうさん》すれば、この備中《びっちゅう》の国《くに》をすべておまえの領地《りょうち》にして、大名《だいみょう》にとりたててやろう。」

と、降参《こうさん》をすすめたのですが、宗治《むねはる》は聞《き》きいれようともせずに、５０００人《にん》の人《ひと》びとと、その城《しろ》に立《た》てこもる用意《ようい》をととのえて、秀吉《ひでよし》の軍勢《ぐんぜい》が城《しろ》をとりかこむのを、待《ま》ちかまえていたのです。

この高松城《たかまつじょう》は平地《へいち》のまんなかにきずかれていて、城《しろ》の三方《さんぽう》は深《ふか》い泥沼《どろぬま》に囲《かこ》まれています。城《しろ》に入《はい》る道《みち》は一方《いっぽう》しか開《あ》いていません。そこも広《ひろ》い堀《ほり》がいくえにもほってあるので、それをこえて進《すす》むことはむずかしいのです。秀吉《ひでよし》はこの城《しろ》のようすを見《み》て、家《け》来《らい》たちを集《あつ》めて相談《そうだん》をしました。

「こんな小《ちい》さな城《しろ》です。城《しろ》ぜめはわたしにおまかせください。一息《ひといき》にせめおとしてみせましょう。」

という、いさましいさむらいもありました。すると、ほかの家来《けらい》が、

「泥沼《どろぬま》の中《なか》を進《すす》むわけにはいかない。せめるとなれば、どうしても、あの水堀《みずぼり》に橋《はし》をかけて、城《しろ》にせまらなくてはならない。それでは、城《しろ》の中《なか》にいる敵《てき》からねらわれるばかりで、味方《みかた》がおおぜい命《いのち》を落《お》としてしまうことだろう。」

と反対《はんたい》しました。

「それよりも、去年《きょねん》の冬《ふゆ》に鳥取城《とっとりじょう》（鳥取県《とっとりけん》）をせめおとしたときのように、兵糧《ひょうろう》ぜめにするのが、いちばんよいと思《おも》います。城《しろ》の中《なか》に、たくさんの食糧《しょくりょう》を用意《ようい》しているとはいっても、たかが知《し》れています。城《しろ》を遠《とお》まきにして、食糧《しょくりょう》を持《も》ちこむ道《みち》をふさいでしまえば、そのうちに、降参《こうさん》を申《もう》しでてくるにちがいありません。」

鳥取城《とっとりじょう》をせめたときには、城《しろ》のまわりのあちこちに陣地《じんち》をきずいて、3か月《げつ》あまりも敵《てき》を苦《くる》しめたのです。城《しろ》に立《た》てこもっていた1400人《にん》ほどの人《ひと》びとは、食《た》べられるものはみんな食《た》べつくして、しまいには、馬《うま》まで殺《ころ》して食《た》べてしまいました。

いよいよ食《た》べものがなくなって、命《いのち》だけは助《たす》けてください、と言《い》って、そっとにげだしてくる者《もの》もあります。鉄砲《てっぽう》でねらいうちをすると、その鉄砲《てっぽう》のたまに当《あ》たって死《し》んだ仲間《なかま》の死《し》がいを、ほかの者《もの》がよってたかって、刀《かたな》や鎌《かま》でさいて、血《ち》をすすり、肉《にく》を生《なま》のままむしゃむしゃ食《た》べるという、目《め》も当《あ》てられない、まるで地獄《じごく》のようなありさまでした。

この城《しろ》も、毛利側《もうりがわ》の大将《たいしょう》が守《まも》っていたのですが、このうえ守《まも》りぬくことは、とうていできないとあきらめて、秀吉《ひでよし》のもとに降参《こうさん》を申《もう》しでました。そして、そのころのいくさの習《なら》わしとして、大将《たいしょう》ははらを切《き》りましたが、飢《う》えをしのいでたたかいつづけてきた人《ひと》たちは、みんな命《いのち》を助《たす》けられました。しかし、あまりおなかがすいているところに、急《きゅう》にたくさんごはんを食《た》べたために、それで死《し》んでしまった人《ひと》も少《すく》なくなかったそうです。

このような城《しろ》ぜめを、兵糧《ひょうろう》ぜめというのです。高松城《たかまつじょう》も、兵糧《ひょうろう》ぜめにすればよい、という意見《いけん》が出《で》ましたが、秀吉《ひでよし》は、それに反対《はんたい》して言《い》いました。

「鳥取城《とっとりじょう》はけわしい山《やま》の上《うえ》にあって、たとえ、毛利方《もうりがた》から城《しろ》を助《たす》けるために軍勢《ぐんぜい》を送《おく》ってきても、それをふせいでたたかうことができた。しかし、この高松城《たかまつじょう》は、平野《へいや》のまんなかにあるので、加勢《かせい》の大軍《たいぐん》がおしよせてきたら、城《しろ》はすぐにとりかえされてしまうにちがいない。兵糧《ひょうろう》ぜめよりも、水《みず》ぜめにするのがよかろう。」

秀吉《ひでよし》は、本陣《ほんじん》を近《ちか》くの山《やま》のふもとにうつして、城《しろ》を水《みず》ぜめにする用意《ようい》にとりかかからせました。このあたりを足守川《あしもりがわ》という川《かわ》が流《なが》れています。その川《かわ》の水《みず》をせきとめるために、おおぜいの人夫《にんぷ》を使《つか》って、材木《ざいもく》や石《いし》を運《はこ》ばせ、城《しろ》の近《ちか》くにおよそ4キロメートルにわたって、高《たか》い堤防《ていぼう》をきずかせたのです。人夫《にんぷ》たちは、泥《どろ》まみれになってはたらきました。夜《よる》は、あかあかとかがり火《び》をたいて、工事《こうじ》が進《すす》められました。

いっぽう、城《しろ》の中《なか》で、はげしいいくさがいまにも始《はじ》まるかと、待《ま》っていた武士《ぶし》たちは、いつまでたっても、秀吉《ひでよし》の軍勢《ぐんぜい》がせめてこないので、気《き》がぬけてしまいました。

「秀吉《ひでよし》はいくさがじょうずな大将《たいしょう》だと聞《き》いていたが、思《おも》いのほか弱虫《よわむし》らしいな。」

「この城《しろ》を見《み》て、とてもせめおとすことができないと思《おも》って、あきらめてしまったのだろう。そのうちに、こっそりとにげもどっていくにちがいない。」

そんなことを言《い》いあって、わらっていました。

さて、堤防《ていぼう》の工事《こうじ》はすっかりできあがりました。そこで秀吉《ひでよし》は、すぐに川《かわ》の水《みず》をせきとめて、城《しろ》の方角《ほうがく》に流《なが》しこむことを命《めい》じました。

もう夏《なつ》も近《ちか》い、つゆどきのことでした。毎日《まいにち》、うっとうしい雨《あめ》の日《ひ》がつづいて、川《かわ》は水《みず》かさをまして、はげしい勢《いきお》いで、田畑《たはた》をひたし、近《ちか》くの町《まち》や村《むら》をしずめ、ことに

城《しろ》のまわりをとりまいた泥沼《どろぬま》は、たちまち、一面《いちめん》、湖《みずうみ》のようになってしまいました。城《しろ》は、まるでその湖《みずうみ》の中《なか》にうかんだ小《ちい》さな島《しま》のようです。

思《おも》いがけない大水《おおみず》に、城《しろ》に立《た》てこもっていた人《ひと》びとは、すっかりあわててしまいました。

倉《くら》の中《なか》には、長《なが》いあいだ城《しろ》に立《た》てこもるつもりで用意《ようい》した、食糧《しょくりょう》をはじめ、弓矢《ゆみや》や、鉄砲《てっぽう》・弾薬《だんやく》・よろいかぶと、そのほかいろいろの道具《どうぐ》が、山《やま》のように積《つ》まれていました。その倉《くら》の中《なか》まで、泥水《どろみず》がひたひたとおしよせてきます。急《いそ》いで、高《たか》いところにうつさなければ、みんなぬれて、役《やく》に立《た》たなくなってしまいます。たたみやふすまなども、上《あ》げなければなりません。大《おお》さわぎになりました。

秀吉《ひでよし》のほうでは、まえから大《おお》きな船《ふね》を、幾《いく》そうも用意《ようい》させていました。そして、この広《ひろ》い湖《みずうみ》ができあがると、その船《ふね》を水《みず》にうかべ、その上《うえ》から、城《しろ》に大砲《たいほう》や、鉄砲《てっぽう》をうちかけました。そのひびきが近《ちか》くの山々《やまやま》にこだまして、まるでかみなりのようでした。

水《みず》かさがまして、堤防《ていぼう》が切《き》れそうになれば、おおぜいの人夫《にんぷ》に言《い》いつけて、もっと高《たか》く、堤防《ていぼう》をきずきあげさせます。そこで昨日《きのう》よりも今日《きょう》、今日《きょう》よりも明日《あす》と、城《しろ》は、日《ひ》ましに水《みず》の中《なか》にしずんでいきました。大水《おおみず》に苦《くる》しめられるのは、人間《にんげん》ばかりではありません。水《みず》に追《お》われたねずみやいたち、そのうえ、気味《きみ》の悪《わる》いへびなどが、高《たか》いところへにげようとして、城《しろ》の上《うえ》のほうまでたくさん上《あ》がってきました。夜《よる》も、落《お》ちついてねることができません。気《き》の弱《よわ》い腰元《こしもと》などは、あまりのおそろしさに正気《しょうき》をうしなってしまうほどでした。

城《しろ》を守《まも》っていた大将《たいしょう》の清水宗治《しみずむねはる》は、

「このまま日《ひ》を送《おく》っていれば、城《しろ》は水《みず》の底《そこ》にしずんでしまう。なんとかして、早《はや》くこのことを殿《との》さまに知《し》らせて、助《たす》けの軍勢《ぐんぜい》を送《おく》ってもらわなくてはならない。」

と考《かんが》えました。そして、泳《およ》ぎのじょうずな武士《ぶし》を使《つか》いにして、夜《よる》のあいだに湖《みずうみ》をわたらせ、毛利輝元《もうりてるもと》のところに、このことを知《し》らせました。

そこで、毛利方《もうりがた》からは、輝元《てるもと》のおじにあたる吉川元春《きっかわもとはる》と小早川隆景《こばやかわたかかげ》というふたりの大将《たいしょう》が、４万人《まんにん》あまりの軍勢《ぐんぜい》をひきいておしよせてきました。その後《うし》ろには、輝元《てるもと》の軍勢《ぐんぜい》もつづいていています。そのことを知《し》った秀吉《ひでよし》は、すぐに使《つか》いを京都《きょうと》の信長《のぶなが》のもとに送《おく》って、この大軍《たいぐん》とたたかうために、加勢《かせい》を送《おく》ってほしいとつたえさせたのです。

その使《つか》いの者《もの》が、秀吉《ひでよし》の本陣《ほんじん》をたってから、幾日《いくにち》かたった真夜中《まよなか》のことです。けたたましく、合図《あいず》のたいこが鳴《な》り、ほら貝《がい》の音《おと》がひびいて、あたりがにわかにさわがしくなりました。やぶれたかさをかぶった、みすぼらしい男《おとこ》が、おおぜいの見張《みは》りの者《もの》に、かたや腕《うで》をつかまれて、本陣《ほんじん》に引《ひ》きたてられてきました。

「あやしい男《おとこ》です。殿《との》さまの陣《じん》にこっそりとしのびこもうとしていたのです。」

秀吉《ひでよし》は、その男《おとこ》の体《からだ》をすっかり調《しら》べさせました。すると、着《き》ていた着物《きもの》の間《あいだ》から、小《ちい》さくたたんだ手紙《てがみ》が出《で》てきました。その手紙《てがみ》を開《ひら》いてみた秀吉《ひでよし》は、思《おも》わず顔色《かおいろ》をかえて、くちびるをかみました。その手紙《てがみ》には、どんなことが書《か》いてあったのでしょうか。

明智光秀《あけちみつひで》の謀反《むほん》

秀吉《ひでよし》が高松城《たかまつじょう》をせめおとすために、骨《ほね》を折《お》っていたころ、安土城《あづちじょう》の信長《のぶなが》は、徳川家《とくがわいえ》康《やす》と力《ちから》を合《あ》わせて、武田信玄《たけだしんげん》の子《こ》にあたる武田勝頼《たけだかつより》をほろぼしてしまいました。徳川《とくがわ》家康《いえやす》は、もとは今川義元《いまがわよしもと》にしたがっていましたが、義元《よしもと》が信長《のぶなが》のためにほろぼされたあと、岡崎《おかざき》を根城《ねじろ》として、東海道《とうかいどう》の国々《くにぐに》に大《おお》きな勢力《せいりょく》をきずきあげていた大名《だいみょう》です。

このいくさがかたづいたので、信長《のぶなが》は安土《あづち》の城《しろ》にもどってきました。秀吉《ひでよし》から、加《か》勢《せい》の軍勢《ぐんぜい》を送《おく》ってほしいとたのむ使《つか》いが安土《あづち》に着《つ》いたのは、ちょうどそのころでした。毛利《もうり》の大軍《たいぐん》がおしよせてきたと知《し》って、信長《のぶなが》は、すぐに自分《じぶん》から秀吉《ひでよし》を助《たす》けにいこうと思《おも》いました。そして、家来《けらい》の明智光秀《あけちみつひで》という大将《たいしょう》に言《い》いつけて、一足先《ひとあしさき》に出陣《しゅつじん》させることにしたのです。

光秀《みつひで》はまえから、おりがあったら、主君《しゅくん》の信長《のぶなが》をたおして、自分《じぶん》が大名《だいみょう》たちの上《うえ》に立《た》ちたいという、ひそかな望《のぞ》みをもっていました。そして、信《のぶ》長《なが》からこの命《めい》令《れい》を受《う》けたとき、こう考《かんが》えたのです。

（いまこそ、日《ひ》ごろの望《のぞ》みをとげるときだ。こんな都《つ》合《ごう》のよいおりは、二《に》度《ど》とはこないだろう。同《おな》じ家《け》来《らい》の大《たい》将《しょう》のなかで、秀《ひで》吉《よし》は、高《たか》松《まつ》でいくさをつづけているから、すぐにはもどってこられまい。また、柴《しば》田《た》勝《かつ》家《いえ》も丹《に》羽《わ》長《なが》秀《ひで》も、それぞれ、いくさのために、遠《とお》くはなれた土《と》地《ち》へ出《で》かけている。もし、いま信《のぶ》長《なが》をたおしてしまえば、日《ひ》ごろ親《した》しくしている細《ほそ》川《かわ》藤《ふじ》孝《たか》・忠《ただ》興《おき》の親《おや》子《こ》をはじめとして、自《じ》分《ぶん》に加《か》勢《せい》してくれる大《だい》名《みょう》たちも少《すく》なくないだろう。）

そして信《のぶ》長《なが》が一《ひと》足《あし》おくれて、家《け》来《らい》二、三百人《にん》をつれ、安《あ》土《づち》の城《しろ》を出《で》て京《きょう》都《と》の本《ほん》能《のう》寺《じ》に陣《じん》をとったのを見《み》すまして、出《だ》しぬけにそのお寺《てら》にせめよせて、信《のぶ》長《なが》をたおしてしまったのです。

光《みつ》秀《ひで》は、そのあとすぐに、使《つか》いの者《もの》に手《て》紙《がみ》を持《も》たせて、毛《もう》利《り》輝《てる》元《もと》のところへとどけさせました。まえから信《のぶ》長《なが》とは、敵《てき》になっていた輝《てる》元《もと》に、信《のぶ》長《なが》が死《し》んだことを知《し》らせ、輝元《てるもと》と手《て》をにぎって、秀吉《ひでよし》をほろぼしてしまおうと、はかったのでした。

秀吉《ひでよし》の本陣《ほんじん》で見張《みは》りの者《もの》につかまったあやしい男《おとこ》は、この手紙《てがみ》を持《も》った光秀《みつひで》の使《つか》いだったのです。よく調《しら》べてみると、この男《おとこ》は、毛利方《もうりがた》の陣《じん》とまちがえて、秀吉《ひでよし》の陣《じん》のあたりをうろうろしていたものだと、わかりました。[2]

この思《おも》いがけない事件《じけん》を知《し》った秀吉《ひでよし》は、早《はや》く京都《きょうと》へもどって、光秀《みつひで》を討《う》たなければならないと思《おも》いました。それにしても、目《め》の前《まえ》の敵《てき》をそのままにし、引《ひ》きあげるわけにはいきません。幸《さいわ》いにこの知《し》らせは、まだ毛利方《もうりがた》にはつたわっていないはずです。

そこで秀吉《ひでよし》は、すぐに、敵《てき》の毛利輝元《もうりてるもと》のもとに使《つか》いを送《おく》りました。

「おたがいに、むだないくさを交《まじ》えることはやめよう。高松城《たかまつじょう》に立《た》てこもっている人《ひと》びとの命《いのち》は助《たす》けてやる。ただ、城主《じょうしゅ》の清水宗治《しみずむねはる》だけは、はらを切《き》らせることにしたい。」

と申《もう》しでたのです。

秀吉《ひでよし》はいくさもじょうずでしたが、またこうしたかけひきもうまい人《ひと》でした。毛利《もうり》方《がた》では、信長《のぶなが》の大軍《たいぐん》があとからおしよせてくるかもしれないと、心配《しんぱい》していたときでしたから、よろこんで秀吉《ひでよし》のこの言葉《ことば》にしたがいました。さっそく、和睦《わぼく》の約束《やくそく》ができたのです。

ただ気《き》のどくなのは、清水宗治《しみずむねはる》でした。その約束《やくそく》にしたがって、宗治《むねはる》は湖《みずうみ》の上《うえ》に小船《こぶね》をうかべて、両方《りょうほう》の軍勢《ぐんぜい》の見守《みまも》っているなかで、はらを切《き》ったのです。

そのあと、秀吉《ひでよし》はすぐに、堤防《ていぼう》を切《き》らせて、湖《みずうみ》の水《みず》を流《なが》してしまいました。もう幾日《いくにち》かたてば、城《しろ》は高《たか》い屋根《やね》の上《うえ》まで、すっかり水《みず》の底《そこ》にしずんでしまうところでした。水《みず》につけられておぼれ死《じ》にするところを、ようやく助《たす》けられた、城《しろ》の人《ひと》びとの喜《よろこ》びは、どんなに大《おお》きかったことでしょう。

［2］秀吉《ひでよし》が本能寺《ほんのうじ》の一大事《いちだいじ》を知《し》ったのは、このようにつたえられている。けれども、ほんとうのところは、いまだによくわかっていない。

しかし、ぐずぐずしてはいられません。秀吉《ひでよし》は、すぐに高松《たかまつ》の陣《じん》を引《ひ》きはらう命令《めいれい》を出《だ》して、自分《じぶん》から先《さき》に立《た》って、馬《うま》を走《はし》らせ、都《みやこ》への道《みち》を急《いそ》ぎました。あまり秀吉《ひでよし》が急《いそ》ぐので、あとにつづく家来《けらい》のさむらいたちも、またたくさんの軍勢《ぐんぜい》も、なかなか追《お》いつけないくらいでした。

途中《とちゅう》で、また大《おお》つぶの雨《あめ》がふりだし、風《かぜ》もくわわり、はげしいあらしになりました。がけはくずれ、川《かわ》は水《みず》かさをまして、ふだんのときならば、とても旅《たび》などできないありさまでしたが、秀吉《ひでよし》は、むりを通《とお》して、2日目《ふつかめ》にはもう姫路《ひめじ》（兵庫県《ひょうごけん》）の城《しろ》に帰《かえ》りついたのです。

敵《てき》の毛利輝元《もうりてるもと》は、京都《きょうと》で信長《のぶなが》が殺《ころ》されたという知《し》らせを、あとになってから受《う》けとったのです。そこで、大将《たいしょう》の吉川元春《きっかわもとはる》は、

「すぐに、あとを追《お》いかけて、秀吉《ひでよし》を途中《とちゅう》で討《う》ちとってしまってはいかがでしょう。その勢《いきお》いで、京都《きょうと》までせめのぼれば、光秀《みつひで》をほろぼして、天下《てんか》をとることもできるでしょう。」

と、輝元《てるもと》にすすめました。

けれども、輝元《てるもと》は、もともとしっかりした、用心深《ようじんぶか》い殿《との》さまでした。むだないくさをして、かえって、自分《じぶん》の国《くに》をうしなうようなまねをしてはいけないと、いつも考《かんが》えていたのです。また小早川隆景《こばやかわたかかげ》も、秀吉《ひでよし》との約束《やくそく》をやぶって、あとを追《お》いかけ、いくさをしかけるなどということには、賛成《さんせい》しなかったのです。そのことは秀吉《ひでよし》にとっては、なによりの幸《しあわ》せだったといえます。

さて、姫路《ひめじ》の城《しろ》で軍勢《ぐんぜい》をととのえた秀吉《ひでよし》は、また道《みち》を急《いそ》いで、尼崎《あまがさき》（兵庫県《ひょうごけん》）まで進《すす》んで、大《おお》きなお寺《てら》に陣《じん》をかまえました。このとき、秀吉《ひでよし》は、もとどり（頭《あたま》の上《うえ》に集《あつ》めてたばねた髪《かみ》）を切《き》りおとして、出家《しゅっけ》を表《あらわ》すざんばら髪《がみ》になりました。これは死《し》んだ主君《しゅくん》の信長《のぶなが》のたましいが、この世《よ》に思《おも》いをのこすことなく、極楽《ごくらく》に行《い》くことができるように、かならず光秀《みつひで》をほろぼします、ということをちかった印《しるし》です。ところが、このとき秀吉《ひでよし》がもとどりを切《き》ったことについて、次《つぎ》のようなおもしろい話《はなし》がつたわっています。

ちょうど秀吉《ひでよし》が、このあたりの道《みち》をわき目《め》もふらず馬《うま》を走《はし》らせて、進《すす》んできたとき、田《た》んぼの中《なか》ではたらいていたおおぜいのお百姓《ひゃくしょう》が、いきなり道《みち》にとびだしてきて、刀《かたな》をぬき、槍《やり》をかまえて、秀吉《ひでよし》をとりかこみました。見《み》ると、それはお百姓《ひゃくしょう》ではなく、光秀《みつひで》が、途中《とちゅう》で秀吉《ひでよし》を討《う》ちとろうとして、待《ま》ちぶせさせていたさむらいたちだったのです。四王天但馬守《しおうてんたじまのかみ》という大将《たいしょう》が指図《さしず》をして、

「あとにつづく者《もの》どもが来《こ》ないうちに、早《はや》く馬《うま》から引《ひ》きずりおろせ。生《い》けどりにするのだ。」

おどろいた秀吉《ひでよし》は、いきなり馬《うま》にむちをあてました。馬《うま》がはげしくとびあがったので、槍《やり》をかまえていたさむらいは、泥田《どろた》の中《なか》に転《ころ》げおちました。馬《うま》のくつわに手《て》をかけようとする者《もの》もあります。槍《やり》でついてかかる者《もの》もあります。そのなかをぬけて、横《よこ》の小道《こみち》に馬《うま》を乗《の》りいれた秀吉《ひでよし》は、その小道《こみち》をまっすぐに進《すす》みました。

そのあとを見送《みおく》って、四王天《しおうてん》は、

「しめたぞ。この小道《こみち》は、あの寺《てら》よりほかには行《い》けない。寺《てら》のまわりは泥田《どろた》だし、後《うし》

ろは川《かわ》で、行《ゆ》き止《ど》まりだ。もうこうなったら、ふくろの中《なか》に入《はい》ったねずみのようなもの。わしが行《い》って、つかまえてやろう。おまえたちはここで、あとから来《く》る敵《てき》を食《く》いとめていろ。」

そう言《い》いのこして、四王天《しおうてん》は、四、五人《にん》の手下《てした》をつれて小道《こみち》を寺《てら》のほうに急《いそ》ぎました。そのとき、寺《てら》のほうから、秀吉《ひでよし》の馬《うま》が、まるでくるったような勢《いきお》いでかけてきました。秀吉《ひでよし》は乗《の》っていないのです。道《みち》がせまいので、よけることもできません。四王《しおう》天《てん》も力《ちから》の強《つよ》い大将《たいしょう》です。いきなり、その馬《うま》にとびつくと、前足《まえあし》に手《て》をかけて、田《た》んぼの中《なか》へ放《ほう》りこんでしまいました。

「秀吉《ひでよし》はもうあきらめて、馬《うま》をすてて、どこかにかくれたにちがいない。」

四王天《しおうてん》は得意《とくい》になって、寺《てら》の門《もん》をくぐりました。そして、玄関《げんかん》に出《で》てきたお坊《ぼう》さんに向《む》かって、

「いま、この寺《てら》ににげこんできた者《もの》があるはずだ。どこにかくしたのか。」

「いいえ、どなたもお見《み》えにはなりません。」

「うそを言《い》え。たしかにこの寺《てら》に入《はい》ったのを、この目《め》で見《み》たのだ。かくしだてをすると、ためにならないぞ。わしをだれだと思《おも》っているのだ。明智日向守光秀《あけちひゅうがのかみみつひで》さまの大《たい》将《しょう》、四王天但馬守《しおうてんたじまのかみ》だぞ。」

お坊《ぼう》さんは、がたがたとふるえながら、

「けっしてうそは申《もう》しません。どこでもおさがしになってください。」

四王天《しおうてん》は寺《てら》の中《なか》へ入《はい》って、仏《ほとけ》さまのまつってある本堂《ほんどう》から、お坊《ぼう》さんたちのおおぜいいるところ、広《ひろ》い台所《だいどころ》からおふろ場《ば》まで、手分《てわ》けしてさがしてみましたが、どこにも、秀吉《ひでよし》の姿《すがた》は見《み》つかりませんでした。

そのころ、秀吉《ひでよし》のあとにしたがってきた加藤清正《かとうきよまさ》をはじめ、家来《けらい》のさむらいたちが、この寺《てら》に乗《の》りこんできました。四王天《しおうてん》の手下《てした》たちが道《みち》ばたで待《ま》ちぶせしていたので、秀吉《ひでよし》がこの寺《てら》ににげこんだことがわかったのです。

寺《てら》の庭先《にわさき》で顔《かお》を合《あ》わせた、四王天《しおうてん》と加藤清正《かとうきよまさ》とは、たちまちはげしいきりあいを始《はじ》めました。そして四王天《しおうてん》は、とうとう清正《きよまさ》に、首《くび》を切《き》られてしまいました。清正《きよまさ》はこの手強《てごわ》い敵《てき》をたおすと、すぐに寺《てら》の中《なか》に入《はい》っていきました。どこかに秀吉《ひでよし》がかくれているはずです。

「殿《との》さま、どこにいらっしゃるのですか。清正《きよまさ》がおむかえにまいりました。」

と、大《おお》きな声《こえ》でよびながら、あちこちとさがしてみましたが、返事《へんじ》はありません。おおぜいのお坊《ぼう》さんたちは、さっきからのおそろしいできごとにおびえて、みんな、すみのほうに集《あつ》まって、ふるえているばかりでした。

そのうちに、おくれてきた家来《けらい》たちが、あとからあとから、寺《てら》の中《なか》に入《はい》ってきました。殿《との》さまの姿《すがた》が見《み》えないと聞《き》いて、みんな気《き》が気《き》ではありません。そのとき、

「一同《いちどう》の者《もの》、大儀《たいぎ》であった。わたしだ。」

と言《い》って出《で》てきた、ひとりのお坊《ぼう》さんがありました。よく見《み》ると、それが秀吉《ひでよし》だったので、みんなはびっくりしてしまいました。あとで秀吉《ひでよし》は、このような姿《すがた》になったわけを、みんなに話《はな》して聞《き》かせました。

四王天《しおうてん》に追《お》われて、この寺《てら》ににげこんだ秀吉《ひでよし》は、どこかにかくれるところはないか

と、裏《うら》のほうにまわってみました。するとそこに、おふろ場《ば》があるのに気《き》がつきました。身《み》につけていたよろいを、急《いそ》いでぬぎすて、下着《したぎ》といっしょにまるめて縁《えん》の下《した》に放《ほう》りこむと、秀吉《ひでよし》はまるはだかになって、そっとおふろ場《ば》に入《はい》っていきました。おふろの中《なか》は暗《くら》く、湯気《ゆげ》が立《た》ちこめています。湯気《ゆげ》の中《なか》に、二、三人《にん》のお坊《ぼう》さんが見《み》えました。

この寺《てら》は禅宗《ぜんしゅう》の寺《てら》でした。禅宗《ぜんしゅう》の寺《てら》には、国々《くにぐに》から、お坊《ぼう》さんがたずねてきては、とまっていくのが普通《ふつう》です。ですから、お坊《ぼう》さんたちは、おたがいに見知《みし》らぬ人《ひと》が寺《てら》の中《なか》にいても、少《すこ》しも気《き》にとめないのです。

秀吉《ひでよし》が、ゆっくりおふろ場《ば》ですごしているあいだに、お坊《ぼう》さんたちはみんな上《あ》がってしまいました。そこで秀吉《ひでよし》は、自分《じぶん》でもとどりを切《き》りおとして、出家《しゅっけ》した人《ひと》のような頭《あたま》になってしまいました。

さて、おふろから上《あ》がって、お坊《ぼう》さんの着物《きもの》を身《み》につけると、広《ひろ》い台所《だいどころ》に入《はい》っていきました。そこにはおおぜいのお坊《ぼう》さんたちが、いそがしくはたらいていました。秀《ひで》

吉《よし》は、かたすみでみそをすっていた小僧《こぞう》のそばへよって、

「ちょっとかしてごらん。わたしが手《て》つだってあげよう。」

と言《い》って、そのすりこぎを手《て》にとって、おみそをすりはじめました。小僧《こぞう》も、この見《み》なれないお坊《ぼう》さんを見《み》ても、気《き》にしませんでした。

四王天但馬守《しおうてんたじまのかみ》が、秀吉《ひでよし》をさがして台所《だいどころ》に姿《すがた》をあらわしたときも、秀吉《ひでよし》は、平気《へいき》でみそをすっていたのです。

これはたいそうゆかいな話《はなし》ですが、ほんとうにあったことではなく、のちの世《よ》の人《ひと》がおもしろくこしらえたつくり話《ばなし》だといわれています。

それはともかくとして、大坂《おおざか》に近《ちか》いこの尼崎《あまがさき》まで来《く》れば、光秀《みつひで》の軍勢《ぐんぜい》のようすもよくわかります。京都《きょうと》にせめのぼる計画《けいかく》を立《た》てるのにも、都合《つごう》がよいわけです。

秀吉《ひでよし》はすぐに、あちこちにいる、信長《のぶなが》の家来《けらい》の大名《だいみょう》たちのもとに使《つか》いを送《おく》って、味《み》方《かた》を集《あつ》めました。そして、進《すす》んで富田《とんだ》（高槻市《たかつきし》）まで来《き》て陣《じん》をはり、ここで、信長《のぶなが》の三男《さんなん》の織田信孝《おだのぶたか》と落《お》ちあうことができました。

信孝《のぶたか》は、まえに信長《のぶなが》から四国《しこく》を征伐《せいばつ》するようにとの命令《めいれい》を受《う》けて、大将《たいしょう》の丹羽長秀《にわながひで》などといっしょに、大坂《おおざか》の近《ちか》くに来《き》ていたのです。そして、軍勢《ぐんぜい》を四国《しこく》にわたすためにたくさんの船《ふね》を用意《ようい》したのですが、出発《しゅっぱつ》する間際《まぎわ》になって、父《ちち》の信長《のぶなが》が殺《ころ》されたという知《し》らせを受《う》けたのでした。

殺《ころ》された光秀《みつひで》

明智光秀《あけちみつひで》は、本能寺《ほんのうじ》で主君《しゅくん》の信長《のぶなが》をほろぼしてしまったあと、京都《きょうと》を出《で》て、いったん大津《おおつ》に近《ちか》い坂本《さかもと》の城《しろ》にもどりました。光秀《みつひで》はこの城《しろ》の殿《との》さまだったのです。そしてそれから、信長《のぶなが》のいたりっぱな城《しろ》のある安土《あづち》の町《まち》へ向《む》かいました。

安土《あづち》の町《まち》は、信長《のぶなが》が死《し》んでしまったという知《し》らせがとどいたので、大《おお》さわぎになっていました。城《しろ》の留守《るす》をあずかっていた信長《のぶなが》の家来《けらい》は、まだ光秀《みつひで》の軍勢《ぐんぜい》がせめてこないうちに、奥方《おくがた》をはじめ家族《かぞく》の人《ひと》びとをつれて、にげだしてしまいました。

城《しろ》のまわりに、りっぱな屋敷《やしき》をかまえていたさむらいたちも、すっかりあわててしまいました。なかには、自分《じぶん》の屋敷《やしき》に火《ひ》をかけて、妻《つま》や子《こ》どもをつれて立《た》ちのいてしまった者《もの》もありました。

上《うえ》に立《た》つさむらいたちがこんなありさまですから、たくさんの町《まち》の人《ひと》びとも、先《さき》をあらそってにげだしました。大事《だいじ》な家《いえ》の道具《どうぐ》を背負《せお》ったり、かついだりして、町《まち》をはなれていく人《ひと》が、あとからあとからつづきます。子《こ》どもたちも泣《な》きながら、あとについていきます。さわぎにまぎれて、人殺《ひとごろ》しや強盗《ごうとう》をする悪者《わるもの》もたくさんいます。船《ふね》をもっている船頭《せんどう》たちのなかには、町《まち》をにげだす人《ひと》びとに、

「いくさのない、静《しず》かなところまで、ぶじに船《ふね》で運《はこ》んであげましょう。」

などと言《い》って、だまして船《ふね》に乗《の》せて、積《つ》んだ荷物《にもつ》から、着《き》ているものまで、みんなとりあげてしまうような、悪《わる》い者《もの》もありました。

こんなわけで、光秀《みつひで》の軍勢《ぐんぜい》はいくさを交《まじ》えることもなく、安土《あづち》の城《しろ》に入《はい》ることができました。光秀《みつひで》は、城《しろ》の天守閣《てんしゅかく》にあったたくさんの宝物《たからもの》やお金《かね》をはじめ、りっぱな道《どう》

具《ぐ》や、きれいな着物《きもの》や織物《おりもの》などを、みんな手《て》に入《い》れました。そしてそれを、自分《じぶん》に味《み》方《かた》をする大名《だいみょう》やさむらいたちに、みんな分《わ》けてやりました。

これまで信長《のぶなが》の領地《りょうち》だった近江《おうみ》から美濃《みの》にかけて、光秀《みつひで》に手向《てむ》かおうとする者《もの》はありませんでした。光秀《みつひで》は、すっかりよろこんで、また京都《きょうと》にもどってきました。そして、今度《こんど》は西《にし》のほうへ大坂《おおざか》に向《む》かって進《すす》んだのですが、その途中《とちゅう》で、秀吉《ひでよし》が尼崎《あまがさき》までもどってきているという知《し》らせを受《う》けたのです。

それは光秀《みつひで》にとって、まるでいきなり頭《あたま》からつめたい水《みず》をあびせかけられたような、思《おも》いがけない、おそろしい知《し》らせでした。

光秀《みつひで》は、秀吉《ひでよし》が高松《たかまつ》の城《しろ》ぜめにむだな日《ひ》を送《おく》っているあいだに、大坂《おおざか》のあたりまで、その勢《いきお》いをのばし、安芸《あき》の毛利輝元《もうりてるもと》と手《て》をにぎって、秀吉《ひでよし》を討《う》ちとってしまうつもりだったのです。その秀吉《ひでよし》が、こんなに早《はや》く大坂《おおざか》あたりまでもどってこようとは、夢《ゆめ》にも思《おも》っていなかったのでした。

そのうえ、光秀《みつひで》にとって、こまったことに、きっと自分《じぶん》に味《み》方《かた》をしてくれるだろうと思《おも》っていた大名《だいみょう》や、大《おお》きな勢力《せいりょく》をもったさむらいたちが、さっぱり集《あつ》まってきてくれなかったのです。

なかには摂津《せっつ》（大阪府《おおさかふ》と兵庫県《ひょうごけん》の一部《いちぶ》）の高槻《たかつき》の城《しろ》にいた高山右近《たかやまうこん》のように、これまでは光秀《みつひで》の家来《けらい》になっていたのに、ひるがえって、秀吉《ひでよし》の味方《みかた》にくわわる者《もの》さえありました。こうして秀吉《ひでよし》の勢《いきお》いがますます大《おお》きくなって、いままでは光秀《みつひで》のひきいる軍勢《ぐんぜい》にくらべて、3倍《ばい》ほどにもなっていたのです。

はげしい鉄砲《てっぽう》の音《おと》がひびいて、山崎《やまざき》の村《むら》に高山右近《たかやまうこん》のひきいる軍勢《ぐんぜい》がせめいったのは、信長《のぶなが》が本能寺《ほんのうじ》で殺《ころ》された日《ひ》から数《かぞ》えて、ちょうど11日目《にちめ》のことでした。

秀吉《ひでよし》の「とむらい合戦《がっせん》」が始《はじ》まったのです。この山崎《やまざき》のあたりは、京都《きょうと》と大坂《おおざか》とをむすぶ街道《かいどう》の中《なか》ほどにあって、一方《いっぽう》は淀川《よどがわ》の流《なが》れにそっているし、また一方《いっぽう》には山《やま》がせまっているので、光秀《みつひで》にとっては、敵《てき》がせめよせてくるのを食《く》いとめるためには、都合《つごう》のよいところでした。けれども、その街道《かいどう》を見《み》おろす天王山《てんのうざん》にも、ほどなく秀吉方《ひでよしがた》の旗《はた》がなびきました。

戦《たたか》いは2日《ふつか》のあいだつづきましたが、光秀《みつひで》のひきいる軍勢《ぐんぜい》は、さんざんに負《ま》けて、あとへあとへと引《ひ》きさがってしまいました。光秀《みつひで》は、もうどうすることもできません。光秀《みつひで》は、こっそりと坂本《さかもと》の城《しろ》までもどって、勢《いきお》いをもりかえして、秀吉《ひでよし》とたたかおうと考《かんが》えました。

まっ暗《くら》な夜道《よみち》を、馬《うま》に乗《の》ったさむらいの姿《すがた》が二騎《き》、三騎《き》、五騎《き》、六騎《き》とつづいていきました。小雨《こさめ》がふっていました。いくさに負《ま》けて、にげていく大将《たいしょう》ほどみじめなものはありません。

ちょうど、小栗栖《おぐるす》という村《むら》にさしかかったときのことです。道《みち》ばたの暗《くら》い竹《たけ》やぶのかげにかくれていた、ひとりの男《おとこ》が、長《なが》い槍《やり》で、いきなり光秀《みつひで》のわきばらをつきさしたのです。光秀《みつひで》は、だまってそのまま馬《うま》を進《すす》めましたが、村《むら》はずれまできたとき、苦《くる》しさのあまり、馬《うま》から転《ころ》げおちてしまいました。

「殿《との》さま、どうなさったのです。」

そばの家来《けらい》が、あわてて馬《うま》からおりて光秀《みつひで》をだきおこしました。光秀《みつひで》は苦《くる》しそう

に、

「残念《ざんねん》だ。いましがた、あやしい者《もの》に槍《やり》でさされた。そのとき声《こえ》を立《た》てては、かえって自分《じぶん》がけがをしたことが、敵《てき》に知《し》れて、都合《つごう》が悪《わる》いと思《おも》って、こらえてきたが、もうだめだ。たのむ。早《はや》くわしの首《くび》を切《き》りおとして、どこかへかくしてしまえ。」

光秀《みつひで》はこう言《い》いのこすと、そのまま息《いき》を引《ひ》きとってしまいました。槍《やり》で光秀《みつひで》をさしたのは、この村《むら》の農民《のうみん》のひとりでした。このころは、いくさにやぶれてにげるさむらいを、農民《のうみん》たちがつかまえたり、殺《ころ》したりして、その身《み》につけているりっぱな刀《かたな》や、よろいかぶとなどをぬすみとることは、めずらしくなかったのです。

家来《けらい》たちは、泣《な》きながら光秀《みつひで》の首《くび》をとって、近《ちか》くの山《やま》のふもとに、こっそりと穴《あな》をほって、うずめてしまいました。首《くび》を敵《てき》にとられることは、武士《ぶし》として、なによりもはじとしていたからです。

なお、この首《くび》はあとで、村《むら》の人《ひと》たちの手《て》でほりだされ、秀吉《ひでよし》のところに送《おく》られました。秀吉《ひでよし》はよろこんで、それを京都《きょうと》の粟田口《あわたぐち》というところで、さらし首《くび》にしました。

話《はなし》は少《すこ》しまえにもどりますが、光秀《みつひで》は、謀反《むほん》を起《お》こす4日《よっか》まえ、京都《きょうと》に近《ちか》い愛宕山《あたごやま》のお寺《てら》にお参《まい》りをしました。そして、そこで連歌《れんが》の会《かい》を開《ひら》きました。

連歌《れんが》というのは、和歌《わか》の上《かみ》の句《く》と下《しも》の句《く》とを分《わ》けて、ひとりが下《しも》の句《く》をよむと、次《つぎ》の人《ひと》がそれにふさわしいような上《かみ》の句《く》をつくる。その上《かみ》の句《く》に合《あ》うように、またべつの人《ひと》が下《しも》の句《く》をよむ。このようにして、つぎつぎに歌《うた》をつくっていく、美《うつく》しい文学《ぶんがく》の遊《あそ》びです。

このころには、この連歌《れんが》がたいそうはやっていました。信長《のぶなが》もこの連歌《れんが》がすきで、里村紹巴《さとむらじょうは》という連歌師《れんがし》をひいきにしていたのです。この連歌師《れんがし》は、日《ひ》ごろ光秀《みつひで》とも親《した》しくしていたので、この愛宕山《あたごやま》の連歌《れんが》の会《かい》のときにもまねかれて、席《せき》に着《つ》きました。

このとき光秀《みつひで》は、主君《しゅくん》の信長《のぶなが》に向《む》かって謀反《むほん》を起《お》こそうとかたく心《こころ》に決《き》めていたのですが、まだだれにも、その決心《けっしん》を打《う》ちあけようとはしませんでした。しかし、連歌《れんが》の句《く》を考《かんが》えているうちに、心《こころ》の中《なか》に思《おも》っていることが、つい筆《ふで》の先《さき》にあらわれて、

まっ白《しろ》い紙《かみ》の上《うえ》に、

ときはいま　あめが下《した》しる　五月《さつき》かな

と書《か》いてしまいました。この句《く》は、さつきの花《はな》が雨《あめ》の中《なか》にいまをさかりとさいている、ということですが、「あめ」は「雨《あめ》」と「天《あめ》」をかけた言葉《ことば》です。つまり、いよいよ5月《がつ》、信長《のぶなが》をほろぼして天下《てんか》（天《あめ》）をとるのはいまだ、という意味《いみ》にもなるのです。

光秀《みつひで》のよんだこの上《かみ》の句《く》につづけて、下《しも》の句《く》は、

水上《みなかみ》まさる　庭《にわ》の夏山《なつやま》

その下《しも》の句《く》にふさわしい上《かみ》の句《く》をよむ番《ばん》が、里村紹巴《さとむらじょうは》でした。紹巴《じょうは》は、光秀《みつひで》の心《こころ》の中《なか》を見《み》ぬいていたので、謀反《むほん》をくわだてるというようなことは、思《おも》いとどまってほしいという心《こころ》から、

花《はな》おつる　流《なが》れの末《すえ》を　せきとめて

すらすらと書《か》いて筆《ふで》をおき、光秀《みつひで》の顔《かお》をじっと見《み》つめました。紹巴《じょうは》が、謀反《むほん》を思《おも》い

とどまらせようとしている気持《きも》ちは、光秀《みつひで》にもわかりました。けれども光秀《みつひで》は、なにも気《き》がつかないような顔《かお》をしていました。

その夜《よ》、光秀《みつひで》と紹巴《じょうは》とは、まくらをならべて床《とこ》につきました。光秀《みつひで》は、いよいよ謀《む》反《ほん》を起《お》こす日《ひ》がせまったことを考《かんが》えると、いつまでもねつかれませんでした。たびたびもらすため息《いき》を聞《き》いて、紹巴《じょうは》は、

「どうなさいました、ご気分《きぶん》でも悪《わる》いのですか。」

とたずねました。すると光秀《みつひで》は、

「いや連歌《れんが》の句《く》を考《かんが》えているのです。」

と言《い》いました。

光秀《みつひで》が謀反《むほん》を起《お》こして、秀吉《ひでよし》のために、とうとうみじめな最期《さいご》をとげてしまったと聞《き》いた紹巴《じょうは》は、なにを思《おも》ったか、急《いそ》いで、愛宕山《あたごやま》へ登《のぼ》って、お寺《てら》をたずねました。そして、あの連歌《れんが》の会《かい》のときの、歌《うた》を書《か》いた紙《かみ》を、もう一度《いちど》見《み》せていただきたい、と申《もう》

しでました。

紹巴《じょうは》は、光秀《みつひで》が書《か》いたはじめの句《く》の、「あめが下《した》しる」のところの「しる」という2字《じ》を小刀《こがたな》で、こっそりとけずって、そのあとにまた筆《ふで》で、まえと同《おな》じように「しる」と書《か》いておきました。お寺《てら》のお坊《ぼう》さんも、そのことには少《すこ》しも気《き》がつきませんでした。

さて秀吉《ひでよし》は、山崎《やまざき》のいくさで光秀《みつひで》をほろぼしたあと、京都《きょうと》に入《はい》って、光秀《みつひで》に味方《みかた》をした者《もの》を片《かた》はしからつかまえて、死刑《しけい》にしてしまいました。そのとき、光秀《みつひで》が愛宕山《あたごやま》で連歌《れんが》の会《かい》をしたことが、秀吉《ひでよし》の耳《みみ》に入《はい》りました。光秀《みつひで》が「ときはいま　あめが下《した》しる　五月《さつき》かな」という句《く》をよんだことは、もう世間《せけん》の評判《ひょうばん》になっていました。秀吉《ひでよし》はたいそうおこって、里村紹巴《さとむらじょうは》をよびだして、きびしく問《と》いつめました。

「おまえは、信長公《のぶながこう》からあついご恩《おん》を受《う》けていた身《み》ではないか。そのとき、光秀《みつひで》が謀反《むほん》をくわだてようとしていることをさとったならば、なぜすぐに、信長公《のぶながこう》のもとにそのことをお知《し》らせしなかったのか。」

ところが紹巴《じょうは》は、少《すこ》しも顔色《かおいろ》をかえずに、

「どのようなことで、お調《しら》べを受《う》けるのかと思《おも》っていましたら、そんなことでしたか。たしかに、わたしもまねかれて愛宕山《あたごやま》に登《のぼ》り、その連歌《れんが》の会《かい》に出席《しゅっせき》いたしました。そのときの句《く》には、『ときはいま　あめが下《した》しる』などという句《く》でございましたならば、わたしのような者《もの》にも、すぐに光秀《みつひで》のよくない心《こころ》の中《なか》がわかり、きっとうったえてでたことでしょう。」

そして、言葉《ことば》をつづけて、

「けっしてうそではございません。おうたがいになるのでしたら、なによりの証拠《しょうこ》に、その連歌《れんが》を書《か》いた紙《かみ》を、ぜひとりよせてお調《しら》べください。」

そう言《い》われて、秀吉《ひでよし》も、もっともだと思《おも》いました。そこで愛宕山《あたごやま》に使《つか》いをやって、その紙《かみ》をとりよせました。読《よ》んでみると、明《あき》らかに、「あめが下《した》しる」と書《か》いてあります。

「紹巴《じょうは》、よく見《み》るがよい。光秀《みつひで》の書《か》いた句《く》は、『あめが下《した》しる』とあるではないか。」

紹巴《じょうは》は、びっくりしたような顔《かお》で、

「そんなはずはございません。よく見《み》せてください。」

と言《い》いながら、その紙《かみ》を手《て》にとって、じっと見《み》ていましたが、

「なんということでしょう。わたしは、きっとだれかにねたまれているのです。この『しる』という字《じ》のところをよくごらんになってください。あの会《かい》のときに書《か》いた字《じ》をわざと消《け》して、その上《うえ》から『しる』と書《か》きなおしてございます。こんないたずらまでして、わたしを罪《つみ》におとしいれようとする者《もの》があるなどとは、おそろしいことでございます。」

と言《い》いながら、なみだをふきました。

秀吉《ひでよし》のそばにいた人《ひと》びとも、それを見《み》て、みんなびっくりして、口々《くちぐち》に、

「これは、たしかに書《か》きなおしたあとがあります。紹巴《じょうは》の言《い》うことにまちがいはないでしょう。」

と言《い》いました。

秀吉《ひでよし》は、その紙《かみ》を手《て》にして、しばらくだまって見《み》つめていましたが、

「紹巴《じょうは》、おまえはなかなかかしこい男《おとこ》だ。りっぱに申《もう》し開《ひら》きができた。命《いのち》だけは助《たす》けてやろう。」

と言《い》いわたしました。

光秀《みつひで》と親《した》しかった紹巴《じょうは》が、命《いのち》がおしくて、知恵《ちえ》をしぼって考《かんが》えだした、この苦《くる》しまぎれのたくらみが、かしこい秀吉《ひでよし》にはすぐわかったのです。秀吉《ひでよし》は、このすぐれた連《れん》歌師《がし》の命《いのち》をとるのはおしいと思《おも》いました。そこで、ただ京都《きょうと》の近《ちか》くにもっていた土地《とち》をとりあげるだけで、ゆるしてやりました。

信長《のぶなが》のあとつぎ

山崎《やまざき》のいくさで光秀《みつひで》がほろぼされてから、2週間《しゅうかん》がたちました。信長《のぶなが》が死《し》んで、世《よ》

の中《なか》は、また戦国《せんごく》の昔《むかし》にもどるのではないかと思《おも》われたのですが、秀吉《ひでよし》をはじめ、信《のぶ》長《なが》の家来《けらい》たちの力《ちから》でおだやかになりました。そこで、信長《のぶなが》のあとつぎを決《き》め、信長《のぶなが》のこした仕事《しごと》の後始末《あとしまつ》をするための会議《かいぎ》が、清須《きよす》の城《しろ》で開《ひら》かれました。

信長《のぶなが》のあとつぎに決《き》まっていた信忠《のぶただ》は、本能寺《ほんのうじ》で父《ちち》の信長《のぶなが》がほろぼされたとき、近《ちか》くの二条城《にじょうじょう》［3］で、光秀《みつひで》の家来《けらい》たちにとりかこまれて、死《し》んでしまいました。その信忠《のぶただ》にふたりの弟《おとうと》がいます。

信雄《のぶかつ》と信孝《のぶたか》で、信孝《のぶたか》は、秀吉《ひでよし》といっしょに山崎《やまざき》で明智光秀《あけちみつひで》をほろぼして、京都《きょうと》に入《はい》った人《ひと》です。そこで、信孝《のぶたか》は、自分《じぶん》があとつぎになるのがあたりまえだと考《かんが》えていました。ところが信雄《のぶかつ》のほうは、自分《じぶん》のほうが年上《としうえ》だから、年順《としじゅん》からいって、信長《のぶなが》のあとをつぐことになるだろう、と思《おも》っていたのです。

［3］現在《げんざい》の京都市中京区《きょうとしなかぎょうく》に信長《のぶなが》がたてた城《しろ》。信長《のぶなが》が、将軍足利義昭《しょうぐんあしかがよしあき》のためにたてた二条《にじょう》城《じょう》とも、徳川家康《とくがわいえやす》がつくった現存《げんぞん》する二条城《にじょうじょう》ともべつの城《しろ》。

いよいよおもだった大将《たいしょう》たちが集《あつ》まって、会議《かいぎ》が始《はじ》まりました。なかでもいちばん勢力《せいりょく》のある柴田勝家《しばたかついえ》が、まず口《くち》を切《き》りました。

「上《うえ》さまがお亡《な》くなりになったことは、まことになげかわしいことでございます。いまはそのあとをつがれるお方《かた》を決《き》めて、上《うえ》さまとしてお仕《つか》えしたいとぞんじますが、いかがでございましょうか。」

人《ひと》びとは、ただ、「ごもっともでございます。」と言《い》うばかりで、だれも口《くち》を開《ひら》こうとはしません。そこで勝家《かついえ》は、言葉《ことば》をつづけて、

「わたしは、信孝《のぶたか》さまがあとをおつぎになるのが、いちばんよろしいかと思《おも》っております。お年《とし》ごろからいっても、また、ごりっぱなご性格《せいかく》からいっても、それがいちばんよろしいのではないでしょうか。」

と言《い》って、秀吉《ひでよし》の顔《かお》をじろりと見《み》ました。勝家《かついえ》は、本能寺《ほんのうじ》で信長《のぶなが》がほろぼされたとき、越中《えっちゅう》（富山県《とやまけん》）にいくさに出《で》かけていたので、京都《きょうと》にせめのぼることができなかったのです。そして秀吉《ひでよし》が、かたきの光秀《みつひで》をほろぼす大《おお》きな手柄《てがら》を立《た》てて、ほかの

大将《たいしょう》たちからもうやまわれ、にわかに頭《あたま》をもたげてきたことが、気《き》がかりになっていました。

信孝《のぶたか》は秀吉《ひでよし》といっしょに、山崎《やまざき》の戦《たたか》いで光秀《みつひで》を討《う》ったのですから、その信孝《のぶたか》を信長《のぶなが》のあとつぎにして、勝家《かついえ》がその後《うし》ろだてになれば、秀吉《ひでよし》をおさえつけていくことができる。勝家《かついえ》は、心《こころ》の中《なか》でそんなことを考《かんが》えていたのでした。ところが秀吉《ひでよし》は、その意《い》見《けん》に反対《はんたい》して言《い》いました。

「なるほど、勝家《かついえ》どののお言葉《ことば》はごもっともです。しかし血筋《ちすじ》からいえば、亡《な》くなられた信忠《のぶただ》さまの若君《わかぎみ》があとをつぐのが、順序《じゅんじょ》ではないでしょうか。若君《わかぎみ》は年《とし》はまだ三つで、国《くに》をおさめることなどはとうていできないでしょう。けれども勝家《かついえ》どのをはじめ、わたしたち家来《けらい》の者《もの》が力《ちから》を合《あ》わせて、もりたてていけば、亡《な》くなった上《うえ》さまの志《こころざし》にもかなない、世《よ》の中《なか》の人《ひと》びともおとなしくしたがい、おだやかにおさまっていくことと思《おも》います。」

信長《のぶなが》の孫《まご》にあたるこの若君《わかぎみ》は三法師《さんぼうし》とよばれ、岐阜《ぎふ》の城《しろ》で、こうしたはげしい世《よ》の動《うご》きも知《し》らず、楽《たの》しい遊《あそ》びに毎日《まいにち》を送《おく》っていたのです。

秀吉《ひでよし》は、信孝《のぶたか》と信雄《のぶかつ》とがおたがいに、にらみあいをしていることをよく知《し》っていました。もし信孝《のぶたか》があとつぎに決《き》まれば、信雄《のぶかつ》との間《あいだ》にはげしい争《あらそ》いが起《お》こり、せっかくおさまりかけた世《よ》の中《なか》が、またみだれてしまうに決《き》まっています。

人《ひと》びとは、道理《どうり》にあった秀吉《ひでよし》の言葉《ことば》に賛成《さんせい》しました。そして、三法師《さんぼうし》があとつぎと決《き》まりました。さて、そのお祝《いわ》いの式《しき》が、城《しろ》の大広間《おおひろま》で開《ひら》かれることになりました。

そのとき、秀吉《ひでよし》は、自分《じぶん》から、三法師《さんぼうし》のお守《も》り役《やく》になりたいといって、三つになるこの若君《わかぎみ》をひざにだいて、一段高《だんたか》いところにすわりました。

大広間《おおひろま》に集《あつ》まった大将《たいしょう》たちは、信長《のぶなが》の孫《まご》にあたる、このかわいい若君《わかぎみ》に向《む》かって、手《て》をついて深《ふか》く頭《あたま》を下《さ》げました。

柴田勝家《しばたかついえ》と仲《なか》のよい滝川一益《たきがわかずます》という大将《たいしょう》が、そっと勝家《かついえ》のひざをつついて、

「これではまるで、みんな秀吉《ひでよし》に向《む》かって頭《あたま》を下《さ》げているように見《み》えますな。」

と言《い》いました。勝家《かついえ》は、わらいながらうなずきましたが、胸《むね》の中《なか》では、秀吉《ひでよし》がにくら

しくてたまらなかったのでした。

あとつぎになるつもりでいた信孝《のぶたか》も、信雄《のぶかつ》も、すっかりあてが外《はず》れてしまったわけです。信孝《のぶたか》は美濃《みの》の国《くに》を、そして信雄《のぶかつ》は尾張《おわり》・伊賀《いが》の国《くに》（三重県西部《みえけんせいぶ》）と伊勢《いせ》の国《くに》（三重県東部《みえけんとうぶ》）の一部《いちぶ》を分《わ》けてもらったばかりで、京都《きょうと》や大坂《おおざか》に近《ちか》い国々《くにぐに》は、おもに秀《ひで》吉《よし》が手《て》に入《い》れてしまいました。

こうして信孝《のぶたか》も信雄《のぶかつ》も、秀吉《ひでよし》をうらむようになったのですが、秀吉《ひでよし》の威勢《いせい》をおそれて、しばらくのあいだは、だまってしたがっていました。

柴田勝家《しばたかついえ》との争《あらそ》い

その年《とし》の秋《あき》、秀吉《ひでよし》は京都《きょうと》の紫野《むらさきの》の大徳寺《だいとくじ》で、主君《しゅくん》の信長《のぶなが》のために、りっぱなお葬《そう》式《しき》をしました。3万人《まんにん》あまりの足軽《あしがる》が、槍《やり》や鉄砲《てっぽう》・弓矢《ゆみや》などを持《も》ってずらりとならんで、きびしくかためた道《みち》を、はなやかなお葬式《そうしき》の行列《ぎょうれつ》が進《すす》んでいきました。

金《きん》や銀《ぎん》に光《ひか》りかがやき、美《うつく》しい錦《にしき》にかざられたおかんの中《なか》には、信長《のぶなが》の姿《すがた》をきざんだ木像《もくぞう》が入《はい》っているのです。そのおかんを守《まも》っていく秀吉《ひでよし》、家来《けらい》の大名《だいみょう》たち、たくさんの武士《ぶし》、そして、ほうぼうのお寺《てら》のお坊《ぼう》さんたちが、何千人《なんぜんにん》とあとからつづきました。悲《かな》しい笛《ふえ》の音《ね》、鐘《かね》のひびき、にぎやかなお経《きょう》の声《こえ》、大小《だいしょう》の旗《はた》、天蓋《てんがい》、みごとなかざりもの、——町《まち》の人《ひと》びとは、このはなやかなお葬式《そうしき》を見《み》て、まるで極楽《ごくらく》に行《い》ったようだ、とうわさをしたほどでした。

このお葬式《そうしき》で、秀吉《ひでよし》は、自分《じぶん》が信長《のぶなが》のあとをつぐ者《もの》だということを、はっきりと世間《せけん》にしめしたのです。しかし柴田勝家《しばたかついえ》も、また信雄《のぶかつ》や信孝《のぶたか》さえも、このお葬式《そうしき》には参列《さんれつ》しませんでした。この人《ひと》たちは、秀吉《ひでよし》が自分《じぶん》たちに相談《そうだん》もしないで、勝手《かって》に、このようなもよおしをしたのを苦々《にがにが》しく思《おも》って、秀吉《ひでよし》からまねかれても、わざと行《い》かなかったのでした。

また、清須《きよす》の会議《かいぎ》で信長《のぶなが》のあとつぎに決《き》まったおさない三法師《さんぽうし》は、そのあと安土《あづち》の城《しろ》につれてくるはずになっていたのですが、岐阜《ぎふ》の城《しろ》のあるじになった信孝《のぶたか》が、どうしても手《て》ばなさないため、この式《しき》のときも参列《さんれつ》できませんでした。そこで秀吉《ひでよし》は、信《のぶ》長《なが》の末《すえ》の子《こ》で、まえから自分《じぶん》の養子《ようし》にしていた羽柴秀勝《はしばひでかつ》を、織田《おだ》の家《いえ》を代表《だいひょう》する人《ひと》として、このはなばなしいお葬式《そうしき》を行《おこな》ったのでした。

こうして、秀吉《ひでよし》の勢《いきお》いがますますさかんになっていくのを見《み》て、岐阜《ぎふ》の城《しろ》にいた信《のぶ》孝《たか》は、早《はや》く秀吉《ひでよし》をほろぼしてしまわなくてはならないと考《かんが》えました。そして、柴田勝《しばたかつ》家《いえ》や滝川一益《たきがわかずます》などの力《ちから》をかりることにしました。

勝家《かついえ》も、早《はや》く秀吉《ひでよし》を討《う》ってしまおうと思《おも》いました。けれども、それには都合《つごう》の悪《わる》いことがありました。それは、こういうことなのです。

勝家《かついえ》の城《しろ》は、越前《えちぜん》の北庄《きたのしょう》（福井市《ふくいし》）にあります。このあたりは、冬《ふゆ》に入《はい》るととても雪《ゆき》の多《おお》いところです。山《やま》も野原《のはら》も一面《いちめん》に雪《ゆき》におおわれてしまうと、街道《かいどう》の行《ゆ》き来《き》もとだえがちで、たくさんの軍勢《ぐんぜい》を動《うご》かすことはとうていできません。秀吉《ひでよし》に向《む》かっていくさをしかけようとしても、むりなのです。

秀吉《ひでよし》は、春《はる》になって雪《ゆき》がとけたら、勝家《かついえ》がせめよせてくるにちがいないと考《かんが》えました。相手《あいて》がいくさをしかけてくるのがわかっているのに、それを待《ま》って、むだに月日《つきひ》を送《おく》っていることはありません。そこで、まだ年《とし》が明《あ》けないうちに、秀吉《ひでよし》は美濃《みの》の国《くに》にせめいることにしました。岐阜《ぎふ》の城《しろ》の信孝《のぶたか》が約束《やくそく》を守《まも》らず、三法師《さんぼうし》を引《ひ》きわたさないことを言《い》いがかりにして、軍勢《ぐんぜい》を東《ひがし》に進《すす》めました。

岐阜《ぎふ》の城《しろ》をせめるためには、まず琵琶湖《びわこ》のそばにあって、勝家《かついえ》のものになっている長浜《ながはま》の城《しろ》を手《て》に入《い》れておいたほうがよい。秀吉《ひでよし》はそう考《かんが》えて、長浜《ながはま》に向《む》かいました。この長浜《ながはま》はもと秀吉《ひでよし》がいたところですが、清須《きよす》の会議《かいぎ》のときに、勝家《かついえ》にゆずりわたしたので、いまは勝家《かついえ》の領地《りょうち》になっていたのです。

城《しろ》を守《まも》っていた勝家《かついえ》の子《こ》は、秀吉《ひでよし》の軍《ぐん》がせまってくると、とうていふせぎきれないことを知《し》って、降参《こうさん》してしまいました。

こうして長浜《ながはま》をとりかえした秀吉《ひでよし》は、はげしい吹雪《ふぶき》をおして、まっすぐに美濃《みの》の国《くに》に向《む》かって進軍《しんぐん》をつづけ、岐阜《ぎふ》の城《しろ》にせまりました。信孝《のぶたか》は、はげしく抵抗《ていこう》しましたが、ついに城《しろ》をささえきれなくなって、降参《こうさん》してしまったのです。

こうして長浜《ながはま》の城《しろ》が落《お》ち、また、岐阜《ぎふ》の信孝《のぶたか》が秀吉《ひでよし》に降参《こうさん》してしまったことを知《し》って、北庄《きたのしょう》の柴田勝家《しばたかついえ》はくやしがりました。しかし、どうすることもできなかったのです。

こうして勝《か》ちいくさをつづけた秀吉《ひでよし》は、次《つぎ》に南《みなみ》の伊勢《いせ》の国《くに》に向《む》かって、軍勢《ぐんぜい》を進《すす》めました。そこは、勝家《かついえ》と仲《なか》のよい滝川一益《たきがわかずます》の領地《りょうち》です。

勝家《かついえ》は、もうじっとしていることはできませんでした。家来《けらい》たちを集《あつ》めて、

「ぐずぐずしてはいられない。もし、伊勢《いせ》の滝川一益《たきがわかずます》がほろぼされてしまったならば、今度《こんど》は、この越前《えちぜん》の国《くに》があぶない。いまのうちに、早《はや》く秀吉《ひでよし》にいくさをしかけることにしよう。山《やま》にはまだ雪《ゆき》が深《ふか》くつもっているから、秀吉《ひでよし》もきっと油断《ゆだん》しているにちがいない。むりをしても近江《おうみ》の国《くに》へ大軍《たいぐん》を送《おく》って、秀吉《ひでよし》をほろぼしてしまおう。」

と言《い》いました。

たちまち2万《まん》の軍勢《ぐんぜい》に、出動命令《しゅつどうめいれい》が下《くだ》りました。雪《ゆき》におおわれた山々《やまやま》にこだまする、いさましい陣《じん》がねやほら貝《がい》の音《おと》。山《やま》あいの道《みち》を急《いそ》ぐ、色《いろ》とりどりの旗《はた》や指《さ》し物《もの》の

列《れつ》。先頭《せんとう》を進《すす》む部隊《ぶたい》は深《ふか》い雪《ゆき》を切《き》りひらき、氷《こおり》をわって、道《みち》をかためて進《すす》んでいきました。

勝家《かついえ》は、琵琶湖《びわこ》の北《きた》にあたるけわしい山《やま》のあちこちにとりでをきずき、堀《ほり》をほり、秀吉《ひでよし》の軍勢《ぐんぜい》がおしよせてくるのを待《ま》つことにしました。

いっぽう、勝家《かついえ》のひきいる大軍《たいぐん》がせめよせてきた知《し》らせを受《う》けた秀吉《ひでよし》は、滝川一益《たきがわかずます》とのいくさを家来《けらい》にまかせて、長浜《ながはま》の城《しろ》にもどりました。そして、勝家《かついえ》の陣《じん》に向《む》かって、陣《じん》をかまえ、とりでをきずいて、家来《けらい》の大将《たいしょう》たちに守《まも》らせることにしました。いくさは長引《ながび》きました。やがて雪《ゆき》はすっかりとけて、山々《やまやま》は若葉《わかば》に美《うつく》しくかざられる季《き》節《せつ》になりました。そのころ、南《みなみ》の伊勢《いせ》では、滝川一益《たきがわかずます》がようやく勢《いきお》いをもりかえしてきました。

東《ひがし》の岐阜《ぎふ》の城《しろ》にいた信孝《のぶたか》も、いったん秀吉《ひでよし》に降参《こうさん》してむすんだ約束《やくそく》をやぶって、秀《ひで》吉《よし》に手向《てむ》かいを始《はじ》めたのです。そこで秀吉《ひでよし》は、

「敵《てき》の勝家《かついえ》は山《やま》の上《うえ》に陣《じん》をはって、こちらからせめよせるのを待《ま》っているらしい。

せっかくかためた陣《じん》をあとにして、山《やま》を下《くだ》っておしよせてくれば、さんざんな目《め》にあわされることをよく知《し》っているはずだ。よろしい。いまのうちに、約束《やくそく》をやぶった岐《ぎ》阜《ふ》の信孝《のぶたか》にいたい目《め》を見《み》せてやろう。」

と考《かんが》えて、まず、岐《ぎ》阜《ふ》の城《しろ》をせめることにしました。

ところが、秀吉《ひでよし》が岐《ぎ》阜《ふ》に近《ちか》い大垣《おおがき》の城《しろ》に入《はい》って、信孝《のぶたか》をせめる用意《ようい》をととのえているとき、急《いそ》ぎの使《つか》いが馬《うま》を走《はし》らせて、城《しろ》の門《もん》にかけこんできました。その知《し》らせによると、勝家《かついえ》の陣《じん》に向《む》かいあってきずいた、味方《みかた》のとりでのひとつが、佐久間盛政《さくまもりまさ》という敵《てき》の大将《たいしょう》のために、ふいをおそわれて、せめおとされてしまったということでした。

この知《し》らせを聞《き》いた秀吉《ひでよし》は、思《おも》わずとびあがって、

「しめたぞ、このいくさは勝《か》ったぞ。」

と、大喜《おおよろこ》びしました。敵《てき》は、自分《じぶん》が大垣《おおがき》からすぐにはもどってこられないと思《おも》っているにちがいない。勝《か》ちいくさによろこんで、油断《ゆだん》をしているあいだに、勝家《かついえ》をやぶっ

てやろう。秀吉《ひでよし》はそう考《かんが》えたのです。

ほどなく、まず先《さき》ぶれとして、四、五十人《にん》の足軽《あしがる》が、琵琶湖《びわこ》の岸《きし》を北《きた》に向《む》かって味方《みかた》の陣《じん》へと急《いそ》ぎました。そして村々《むらむら》に入《はい》るたびごとに、庄屋《しょうや》をよびつけて、

「命令《めいれい》だ。村中《むらじゅう》の者《もの》を集《あつ》めて、1軒《けん》から米《こめ》1升《しょう》ずつを出《だ》して、すぐに飯《めし》の用意《ようい》をするのだ。用意《ようい》ができたら、道《みち》の両側《りょうがわ》に出《だ》しておけ。馬《うま》の飼《か》い葉《ば》や水《みず》もわすれてはならないぞ。代金《だいきん》はあとではらう。」

と言《い》いつけます。またほかの足軽《あしがる》は、

「日《ひ》がくれたら、このたいまつに火《ひ》をつけて、道《みち》ばたにならべるのだぞ。わかったか。」

と言《い》って、用意《ようい》したたくさんのたいまつをわたしました。また、味方《みかた》の陣《じん》に近《ちか》い村《むら》の人《ひと》びとには、飯《めし》をたくさんたかせて、陣《じん》までとどけさせることにしました。

夕方近《ゆうがたちか》くに大垣《おおがき》の城《しろ》を出《で》た秀吉《ひでよし》は、家来《けらい》たちの先《さき》に立《た》って、たいまつの火《ひ》にてらされた明《あか》るい夜道《よみち》を、馬《うま》を走《はし》らせました。村《むら》に入《はい》れば、どこでも食事《しょくじ》のしたくができて

います。そのあいだに、馬《うま》を休《やす》めることもできます。

こうして、秀吉《ひでよし》たちは、およそ60キロメートルもある道乗《みちの》りをわずか5時間《じかん》ほどで、味方《みかた》の陣《じん》にたどりついて、家来《けらい》の大将《たいしょう》たちにむかえられたのです。ふだんの旅《たび》ならば、2日《ふつか》か3日《みっか》かかるところです。

お市《いち》の方《かた》

秀吉《ひでよし》のきずいたとりでのひとつをせめおとして、大《おお》きな手柄《てがら》を立《た》てた佐久間盛政《さくまもりまさ》は、秀吉《ひでよし》が思《おも》いがけなく早《はや》く、陣《じん》にもどってきたことを知《し》って、あわてました。盛政《もりまさ》は、主君《しゅくん》の勝家《かついえ》から、せめおとしたとりでをすてて、すぐに軍勢《ぐんぜい》をあとにひくように命令《めいれい》されていたのですが、それにしたがわなかったのです。

そして真夜中《まよなか》になって、ようやく退却《たいきゃく》を始《はじ》めましたが、ときはもうおそく、このことがもとになって、勝家《かついえ》の軍《ぐん》はさんざんに負《ま》けてしまうことになりました。明《あ》けがたに、近《ちか》くの賤《しず》ヶ岳《がたけ》のとりでを守《まも》っていた秀吉《ひでよし》の家来《けらい》たちが、はげしくせめかけて、敵《てき》の大部隊《だいぶたい》をやぶってしまったのです。このとき福島正則《ふくしままさのり》・加藤清正《かとうきよまさ》・片桐且元《かたぎりかつもと》など、秀吉《ひでよし》のそばに仕《つか》えていた大将《たいしょう》が大手柄《おおてがら》を立《た》てました。

勝家《かついえ》の旗色《はたいろ》が悪《わる》くなってくると、家来《けらい》のなかで、前田利家《まえだとしいえ》のように、秀吉《ひでよし》のほうについてしまう大将《たいしょう》もありました。

もう夏《なつ》も近《ちか》く、日《ひ》のてりつける山道《やまみち》を、勝家《かついえ》の軍勢《ぐんぜい》は、ちりぢりになって、にげもどっていきました。勝《か》ちほこった秀吉《ひでよし》は、そのあとを追《お》って、越前《えちぜん》の国《くに》へ進《すす》んでいきました。道《みち》には、血《ち》にまみれた敵《てき》の死《し》がいがたくさん転《ころ》がり、けがをした武士《ぶし》や足軽《あしがる》たちの、うめき声《ごえ》や泣《な》き声《ごえ》が悲《かな》しく聞《き》こえていました。

勝家《かついえ》は、ようやくにげのびて北庄《きたのしょう》の城《しろ》までもどってきました。秀吉《ひでよし》の大軍《たいぐん》が近《ちか》づいているので、城《しろ》のそなえをかためなければなりません。しかし、いまとなっては、敵《てき》をむかえて、たたかうことのできる人数《にんずう》は2000人《にん》にも足《た》りません。そうかといって、よその国《くに》の大名《だいみょう》に助《たす》けの軍勢《ぐんぜい》を送《おく》ってほしいと、たのむこともできないのです。

勝家《かついえ》も、もうあきらめるよりほかはありませんでした。

勝家《かついえ》の奥方《おくがた》は、信長《のぶなが》の妹《いもうと》で、お市《いち》の方《かた》とよばれていました。このお市《いち》の方《かた》は、人《ひと》なみすぐれた器量《きりょう》よしで、10年《ねん》まえに秀吉《ひでよし》にほろぼされた浅井長政《あざいながまさ》という大名《だいみょう》の奥方《おくがた》になっていました。長政《ながまさ》が死《し》んだあと、岐阜《ぎふ》の城《しろ》にもどっていたのですが、清須《きよす》の会《かい》議《ぎ》のあとで、勝家《かついえ》の奥方《おくがた》となって、長政《ながまさ》との間《あいだ》に生《う》まれた3人《にん》の娘《むすめ》といっしょに、この北庄《きたのしょう》の城《しろ》に入《はい》ったのです。

もうとても生《い》きのびることはできないと思《おも》った勝家《かついえ》は、奥方《おくがた》に向《む》かって、

「早《はや》く娘《むすめ》たちをつれて、城《しろ》から出《で》るがよい。秀吉《ひでよし》も、信長公《のぶながこう》の妹《いもうと》のそなたに対《たい》して、手荒《てあら》なことをすることもあるまい。」

と言《い》いました。お市《いち》の方《かた》はなみだにむせびながら、

「わたしは、このうえ生《い》きのびて、悲《かな》しい思《おも》いをしたいとは思《おも》いません。どうぞ、いっしょにあの世《よ》へつれていってください。ただ娘《むすめ》たちだけは、これから先《さき》、幸《しあわ》せになることをいのって、城《しろ》から出《だ》してやることにいたしましょう。」

と答《こた》えました。

そのあとで、勝家《かついえ》は武士《ぶし》たちを集《あつ》めて、

「もはや、この城《しろ》を守《まも》りぬくことは、とうていできないだろう。わしは、この城《しろ》といっしょにほろびてしまう覚悟《かくご》をかためている。おまえたちにむりないくさをさせて、命《いのち》をすてさせるのはしのびない。生《い》きのびたいと思《おも》う者《もの》は、いまのうちに、年寄《としよ》りや女《おんな》や子《こ》どもたちといっしょに、城《しろ》を出《で》て、どこへでも行《い》くがよい。」

と言《い》いました。その言葉《ことば》にしたがって、なみだを流《なが》して、城《しろ》をはなれていった者《もの》も少《すく》なくありませんでした。

夜通《よどお》し、城《しろ》の中《なか》にはあかあかと火《ひ》がともり、にぎやかな笛《ふえ》やたいこの音《おと》や、いさましい歌声《うたごえ》が聞《き》こえました。勝家《かついえ》が、家来《けらい》たちと最後《さいご》のさかずきをくみかわす、酒盛《さかも》りが開《ひら》かれていたのでした。

夜明《よあ》けを待《ま》って、秀吉《ひでよし》のはげしい城《しろ》ぜめが始《はじ》まりました。勝家《かついえ》は、あとにのこった200人《にん》あまりの武士《ぶし》たちと本丸《ほんまる》に立《た》てこもって、はげしくたたかいましたが、なだれこんでくる大軍《たいぐん》をふせぎとめることはできませんでした。

とうとう天守閣《てんしゅかく》の上《うえ》まで追《お》いつめられた勝家《かついえ》は、はしごを外《はず》して、だれも上《あ》がってこられないようにしてしまいました。そして、やぐらの上《うえ》に姿《すがた》をあらわして、おしよせてきた秀吉《ひでよし》の大軍《たいぐん》をにらみつけながら大声《おおごえ》を上《あ》げて、

「勝家《かついえ》はここにいるぞ。おまえたちも武士《ぶし》であろう。この勝家《かついえ》がどのようにしてはらを切《き》るか、よく見《み》ておくがよい。」

とさけびました。敵《てき》も味方《みかた》も、ひっそりとして声《こえ》を上《あ》げる者《もの》もありません。

勝家《かついえ》は刀《かたな》をぬいて、そばで静《しず》かに手《て》を合《あ》わせているお市《いち》の方《かた》をはじめ、身内《みうち》の人《ひと》びとをさしころしたあと、自分《じぶん》もはらを切《き》って死《し》んでしまいました。あとにのこった家《け》来《らい》たちも、その場《ば》ではらを切《き》りました。そのとき、用意《ようい》してあった火薬《かやく》に火《ひ》がつけられたので、すさまじい音《おと》がして、みるみるうちに天守閣《てんしゅかく》は、まっ赤《か》なほのおと黒《くろ》いけむりにつつまれてしまいました。

こうして、秀吉《ひでよし》のいちばん手強《てごわ》い敵《てき》だった柴田勝家《しばたかついえ》はほろびてしまいました。秀吉《ひでよし》

はお市《いち》の方《かた》の気《き》のどくな一生《いっしょう》を思《おも》って、熱《あつ》いなみだを流《なが》しました。そして、城《しろ》から送《おく》りだされた3人《にん》の娘《むすめ》を、あとで引《ひ》きとって大事《だいじ》に育《そだ》てました。3人《にん》のうち、いちばん上《うえ》の娘《むすめ》は「茶々《ちゃちゃ》」という名《な》でした。この「茶々《ちゃちゃ》」は、のちになって淀殿《よどどの》とよばれて、秀吉《ひでよし》のそばに仕《つか》え、秀吉《ひでよし》の子《こ》（秀頼《ひでより》）を産《う》むことになります。

勝家《かついえ》がほろびたこの年《とし》、天正《てんしょう》11（1583）年《ねん》、秀吉《ひでよし》は47歳《さい》になっていました。はじめて、中《なか》の中村《なかむら》を出《で》て、松下加兵衛《まつしたかへえ》に仕《つか》え、武士《ぶし》の生活《せいかつ》に入《はい》ってから、ずいぶん長《なが》い年月《としつき》がたっていました。

しかし、その長《なが》いあいだの望《のぞ》みがようやくかなって、いまは主君《しゅくん》の信長《のぶなが》にかわって、日本一《にほんいち》の力強《ちからづよ》い大名《だいみょう》になったのです。これから秀吉《ひでよし》は、信長《のぶなが》ののこした日本統一《にほんとういつ》という大《おお》きな仕事《しごと》に向《む》かって、その大《おお》きな力《ちから》を注《そそ》いでいくことになりました。

3 大坂《おおざか》の城《しろ》

金《きん》のベッド

まるで地《じ》びきあみを引《ひ》くように、長《なが》いつなにおおぜいの人足《にんそく》がとりついて、大《おお》きな石《いし》を引《ひ》いていきます。石《いし》は、美《うつく》しい錦《にしき》のきれにつつまれていて、その上《うえ》にきれいに着《き》かざった少年《しょうねん》がひとり、おうぎを手《て》にして立《た》っています。少年《しょうねん》は、美《うつく》しい声《こえ》をはりあげて、歌《うた》をうたって音頭《おんど》をとっているのです。

その音頭《おんど》につられて、人夫《にんぷ》たちがいっせいに、「ようい、よい。」と、かけ声《ごえ》をかけながら、力《ちから》いっぱいつなを引《ひ》くと、石《いし》はすこしずつ前《まえ》へ進《すす》みます。

大坂《おおざか》に近《ちか》い村々《むらむら》では、街道筋《かいどうすじ》に毎日《まいにち》のように、このような「石引《いしび》き」が通《とお》りました。たくましい牛《うし》に引《ひ》かせていく車《くるま》もあります。また淀川《よどがわ》の川口《かわぐち》にそった村《むら》では、海《うみ》のほうから、やはりものすごく大《おお》きな石《いし》をのせた船《ふね》が、朝《あさ》から晩《ばん》まで、何百《なんびゃく》そうとなく、川《かわ》をさかのぼってくるのが見《み》えました。

「大坂《おおざか》に、新《あたら》しく大《おお》きなお城《しろ》ができるのだそうだ。」

「なんでも、羽柴《はしば》さまは30あまりの国々《くにぐに》の大名《だいみょう》たちに言《い》いつけて、何万人《なんまんにん》という人足《にんそく》を集《あつ》めて、そのお城《しろ》の工事《こうじ》を進《すす》めているという話《はなし》だ。」

「あの大《おお》きな石《いし》も、摂津《せっつ》や播磨《はりま》（いずれも兵庫県南部《ひょうごけんなんぶ》）の山《やま》から切《き》りだして、運《はこ》んでくるというのだから、たいへんなことだよ。」

「まったく、羽柴《はしば》さまの威勢《いせい》もたいしたものだ。」

村《むら》の人《ひと》びとは、集《あつ》まると、こんな話《はなし》をしていました。

北庄《きたのしょう》の城《しろ》をせめおとして、柴田勝家《しばたかついえ》をほろぼしてしまった秀吉《ひでよし》は、その秋《あき》から大坂《おおざか》を根城《ねじろ》にすることに決《き》め、大《おお》がかりな大坂城《おおざかじょう》の工事《こうじ》にとりかかったのです。工事《こうじ》をわりあてられた大名《だいみょう》たちは、秀吉《ひでよし》の言《い》いつけにそむけば、どんなことになるかもわからないので、競争《きょうそう》して、おおぜいの家来《けらい》を送《おく》り、たくさんの人足《にんそく》を出《だ》し、また、できるだけ大《おお》きな石《いし》を切《き》りだして大坂《おおざか》に運《はこ》ばせ、工事《こうじ》にはげんだのです。

工事場《こうじば》には、昼《ひる》も夜《よる》も、数万人《すうまんにん》の人足《にんそく》や職人《しょくにん》や大工《だいく》たちが、あせと泥《どろ》にまみれてはたらいていました。あちらでは、たくましい男《おとこ》たちがくわをふるって、深《ふか》い堀《ほり》をほっています。わきだす泥水《どろみず》を、大《おお》きなおけでくみあげて、流《なが》している人《ひと》たちもいます。船《ふね》で運《はこ》ばれてきた大《おお》きな石《いし》を積《つ》みあげる仕事《しごと》をしている人《ひと》たちは、まるで、おかしのかけらにとりついたありのようです。山《やま》のように積《つ》まれた材木《ざいもく》のそばで、おおぜいの大工《だいく》がのこぎりや、かんなや、のみを持《も》って、せっせと仕事《しごと》にはげんでいます。石工《いしく》たちののみの音《おと》も高《たか》く聞《き》こえてきます。

堀《ほり》の中《なか》に太《ふと》い丸太《まるた》を打《う》ちこむ槌《つち》の音《おと》、人夫《にんぷ》たちのかけ声《ごえ》、よび声《ごえ》、どなる声《こえ》、さけぶ声《こえ》、まるで戦場《せんじょう》のようなさわぎです。夜《よる》になると、そこここにあかあかとかがり火《び》がたかれて、この大《おお》がかりな工事《こうじ》は、休《やす》みなくつづけられていました。

しかし、その仕事《しごと》はどんなに苦《くる》しくても、命《いのち》をかけてたたかういくさにくらべれば、けっしてつらいものではありません。人《ひと》びとは、秀吉《ひでよし》の大《おお》きな力《ちから》で、世《よ》の中《なか》がおだやかになったことをよろこんで、この苦《くる》しい仕事《しごと》にはげんだのです。

こうして、これまで見《み》たこともない、りっぱな、大《おお》きな城《しろ》ができあがりました。九層《そう》の天守閣《てんしゅかく》の屋根《やね》は、金箔《きんぱく》をはりつけたみごとなかわらでふかれていて、まぶしいくらいです。遠《とお》い海《うみ》の上《うえ》を行《い》く船《ふね》からも、この天守閣《てんしゅかく》が目印《めじるし》になりました。

この大《おお》きな城《しろ》のまわりをとりまいて、家来《けらい》の大名《だいみょう》や武士《ぶし》たちの屋敷《やしき》がたちならびました。また、たくさんの商人《しょうにん》や職人《しょくにん》たちが、ほうぼうの土地《とち》から集《あつ》まってきて、家《いえ》をたて、店《みせ》をつくり、城下《じょうか》はたちまちにぎやかな町《まち》になりました。お寺《てら》もたちました。キリスト教《きょう》の教会堂《きょうかいどう》までできたのです。いまさかえている大阪《おおさか》の町《まち》の基《もと》は、こうして秀吉《ひでよし》の力《ちから》によってきずかれたのです。

このりっぱな城《しろ》のあるじとなった秀吉《ひでよし》は、得意《とくい》でした。地方《ちほう》の大名《だいみょう》などがあいさつに来《く》ると、秀吉《ひでよし》はいつも自分《じぶん》で先《さき》に立《た》って、城《しろ》の中《なか》を案内《あんない》して、その大《おお》きな勢《いきお》いを見《み》せびらかしたのです。

あるとき、遠《とお》い九州《きゅうしゅう》の豊後《ぶんご》の国《くに》（大分県南部《おおいたけんなんぶ》）から、大友宗麟《おおともそうりん》という殿《との》さまがたずねてきました。この殿《との》さまは名《な》を義鎮《よししげ》といって、もと北九州《きたきゅうしゅう》でたいそう勢《いきお》いの強《つよ》かった大名《だいみょう》でしたが、年《とし》をとって隠居《いんきょ》していたのです。城《しろ》へ向《む》かった宗麟《そうりん》はまず、どこまでもつづく城下町《じょうかまち》のにぎやかさに、目《め》をみはりました。鉄《てつ》の大《おお》きな門《もん》をくぐって、城《しろ》の中《なか》に入《はい》っていくと、大《おお》きな馬小屋《うまごや》があって、たくさんのたくましい馬《うま》がつないでありました。

りっぱな玄関《げんかん》から、大広間《おおひろま》に通《とお》され、たたみの上《うえ》に手《て》をついて待《ま》っていると、正面《しょうめん》のいちだんと高《たか》い上段《じょうだん》の間《ま》に、秀吉《ひでよし》が姿《すがた》をあらわしました。おそばに仕《つか》える人《ひと》たちが、ずらりとならんだなかで、あいさつがすむと、おぜんが運《はこ》ばれました。ここでまずお酒《さけ》をいただくのが、そのころのしきたりです。

やがて、次《つぎ》の間《ま》に案内《あんない》されました。そこには、天井《てんじょう》も、かべも、柱《はしら》も、すべて金《きん》でできた、みごとな茶室《ちゃしつ》がありました。3畳《じょう》のたたみをしいて、炉《ろ》が切《き》ってあります。かべにそって金《きん》のちがいだながあり、茶釜《ちゃがま》も、茶《ちゃ》わんも、炭取《すみと》りから火《ひ》ばしまで、みんな金《きん》でできています。障子《しょうじ》の桟《さん》まで、金《きん》でぴかぴかとかがやいてまぶしいほどです。こんなみごとな茶室《ちゃしつ》は、どこへ行《い》っても見《み》ることはできません。

宗麟《そうりん》は、夢《ゆめ》ではないかと、目《め》をこすりました。それを見《み》て、秀吉《ひでよし》はわらいながら、

「あなたは、茶《ちゃ》の湯《ゆ》のほうはいかがですか。」

とたずねました。

そのころ茶人《ちゃじん》としてもっとも名高《なだか》かった千利休《せんのりきゅう》が、お茶《ちゃ》をたてていましたが、この秀吉《ひでよし》の言葉《ことば》に、

「宗麟《そうりん》どのは、茶《ちゃ》の湯《ゆ》の道《みち》に、よく通《つう》じていらっしゃるといううわさをうかがっています。」

と、あいづちを打《う》ちました。

この千利休《せんのりきゅう》は堺《さかい》の町人《ちょうにん》でした。このころは、町人《ちょうにん》といっても大名《だいみょう》と肩《かた》をならべるほど大《おお》きな勢《いきお》いをもっていたので、大名《だいみょう》も、いくさのときにはよくその力《ちから》をかりました。京都《きょうと》や大坂《おおざか》、堺《さかい》などの大《おお》きな町《まち》の町人《ちょうにん》は、秀吉《ひでよし》のためにいつも力《ちから》をつくしていたのです。

利休《りきゅう》のあとで、今度《こんど》は秀吉《ひでよし》が、なれた手《て》つきでお茶《ちゃ》をたてました。宗麟《そうりん》はかしこまって、手《て》をふるわせながら、そのお茶《ちゃ》をいただきました。

「さて、天守閣《てんしゅかく》へのぼってみようか。」

秀吉《ひでよし》はそう言《い》いながら、席《せき》を立《た》ちました。広《ひろ》い縁側《えんがわ》が、折《お》れてはまたつづいて、天《てん》守閣《しゅかく》のほうに通《つう》じていました。

いかめしい鉄《てつ》のとびらが開《あ》きました。警護《けいご》の武士《ぶし》が、宗麟《そうりん》から腰《こし》の刀《かたな》をあずかったあと、秀吉《ひでよし》は先《さき》に立《た》って、うす暗《ぐら》い部屋《へや》の中《なか》に入《はい》っていきました。そこは部屋《へや》というよりも、倉《くら》になっていました。秀吉《ひでよし》は自分《じぶん》で、窓《まど》や戸《と》を開《あ》けて、きげんよく、この部《へ》屋《や》は綿《わた》を入《い》れておくところ、こちらは絹《きぬ》の織物《おりもの》や生糸《きいと》をしまっておくところ、ここは鉄砲《てっぽう》の倉《くら》、あそこは火薬倉《かやくぐら》になっている、などと説明《せつめい》をしながら、1階《かい》から2階《かい》、2階《かい》から3階《がい》へと、階段《かいだん》を上《あ》がっていきました。

どの階《かい》でも、階段《かいだん》のところに、十四、五歳《さい》の小姓《こしょう》がいて、刀《かたな》をささげ、ひざをついて、この城《しろ》のあるじをむかえました。そのたびに秀吉《ひでよし》は、いたわるように、言葉《ことば》をか

けました。

9階《かい》の窓《まど》から、やぐらの上《うえ》に出《で》てみると、空《そら》は晴《は》れわたって、海《うみ》が白《しろ》く光《ひか》って見《み》えました。秀吉《ひでよし》は、宗麟《そうりん》の肩《かた》に手《て》をかけ、はるかに広《ひろ》がったながめを指《ゆび》さしながら、遠《とお》くの山々《やまやま》、近《ちか》くの森《もり》や川《かわ》の流《なが》れを、くわしく教《おし》えました。

城《しろ》の堀《ほり》も、やぐらや塀《へい》のようすも、一目《ひとめ》で見《み》わたせます。工事場《こうじば》の仮小屋《かりごや》や石切《いしき》り場《ば》がならんで、材木《ざいもく》を組《く》みあげた足場《あしば》も小《ちい》さく見《み》えます。おおぜいの人夫《にんぷ》や職人《しょくにん》が、いそがしくはたらいているのが、まるでありのようです。工事《こうじ》は、まだたえまなくつづけられていたのでした。

さて天守閣《てんしゅかく》をおりて、大広間《おおひろま》へもどったあとで、宗麟《そうりん》は、秀吉《ひでよし》が夜《よる》になってねる部《へ》屋《や》まで見《み》せてもらいました。おどろいたことに、そこにはヨーロッパ風《ふう》のベッドがおいてありました。そのベッドは金《きん》でできていて、まくらもとのほうに、手《て》のこんだ彫《ちょう》刻《こく》がついているのが目《め》を引《ひ》きます。

(これはポルトガルの船《ふね》で、遠《とお》くヨーロッパから運《はこ》ばれてきたものかもしれない。)

と、宗麟《そうりん》は考《かんが》えました。

そのころ、北九州《きたきゅうしゅう》の港《みなと》には、毎年《まいねん》のようにポルトガルの船《ふね》が入《はい》ってきました。キリスト教《きょう》を説《と》く神父《しんぷ》たちも、おおぜいわたってきていました。京都《きょうと》や大坂《おおざか》でも、これらのポルトガルの神父《しんぷ》や商人《しょうにん》たちのかわった姿《すがた》を見《み》かけることは、めずらしくなかったのです。そのころ人《ひと》びとは、ポルトガル人《じん》のことを南蛮人《なんばんじん》とよんでいました。

キリスト教《きょう》を広《ひろ》めるために、神父《しんぷ》たちは教会堂《きょうかいどう》をたてました。人《ひと》びとはそれを南蛮《なんばん》寺《じ》と言《い》いましたが、この南蛮寺《なんばんじ》に行《い》けば、ヨーロッパの時計《とけい》や油絵《あぶらえ》、ピアノに似《に》たクラビチェンバロや、オルガンなどの楽器《がっき》を見《み》ることもできました。ですから、秀吉《ひでよし》がヨーロッパ風《ふう》の金《きん》のベッドを手《て》に入《い》れて、毎晩《まいばん》その上《うえ》にねていたとしても、けっして不思議《ふしぎ》ではなかったのです。

徳川家康《とくがわいえやす》とたたかう

大坂城《おおざかじょう》の大《おお》がかりな工事《こうじ》が進《すす》められていたころ、安土《あづち》の城《しろ》には、織田信長《おだのぶなが》の子《こ》の信《のぶ》雄《かつ》が入《はい》っていました。清須《きよす》の会議《かいぎ》のとき、弟《おとうと》の信孝《のぶたか》とけんかをしていたため、信長《のぶなが》のあとをつぐことができなかった人《ひと》です。秀吉《ひでよし》は、岐阜《ぎふ》の城《しろ》をせめたときにも、また、伊勢《いせ》の滝川一益《たきがわかずます》とたたかったときにも、信雄《のぶかつ》と親《した》しくして、信雄《のぶかつ》の敵《てき》をせめるのだ、と言《い》っていました。

そこで信雄《のぶかつ》も、秀吉《ひでよし》をたよりにするようになりました。そして秀吉《ひでよし》と力《ちから》を合《あ》わせ、秀吉《ひでよし》が越前《えちぜん》にせめこんだころ、信雄《のぶかつ》は自分《じぶん》から岐阜《ぎふ》の城《しろ》をせめて、弟《おとうと》の信孝《のぶたか》を降参《こうさん》させて、とうとう自殺《じさつ》させてしまったのです。

「これで、ようやく勢《いきお》いをもりかえすことができる。」

と、信雄《のぶかつ》が考《かんが》えたのも、わずかのあいだだけでした。秀吉《ひでよし》は、大名《だいみょう》たちを思《おも》いのままに使《つか》って、大坂《おおざか》にりっぱな城《しろ》をきずきはじめました。もと信長《のぶなが》に仕《つか》えていた大名《だいみょう》たちも、いまはみんな秀吉《ひでよし》の威勢《いせい》をおそれて頭《あたま》をさげ、信雄《のぶかつ》をかばおうとする者《もの》はありません。

そこで信雄《のぶかつ》は、遠江《とおとうみ》の国《くに》（静岡県西部《しずおかけんせいぶ》）の浜松《はままつ》の城《しろ》にいた徳川家康《とくがわいえやす》を、後《うし》ろだてとしてたのむようになりました。家康《いえやす》はそのころ、東海地方《とうかいちほう》でいちばん勢《いきお》いの強《つよ》い大名《だいみょう》でした。信長《のぶなが》とは、親《した》しく手《て》を組《く》んで、甲斐《かい》の国《くに》の武田勝頼《たけだかつより》とたたかったこともありました。

家康《いえやす》は、信雄《のぶかつ》を助《たす》けて、秀吉《ひでよし》といくさを交《まじ》えることにしました。そして、名古屋《なごや》の北《きた》にあたる小牧山《こまきやま》に陣《じん》をかまえて、秀吉《ひでよし》のひきいる軍勢《ぐんぜい》をむかえました。秀吉《ひでよし》は、小《こ》牧山《まきやま》からほど遠《とお》くないところに陣《じん》をはりました。

秀吉《ひでよし》は、敵《てき》の陣《じん》のようすが見《み》える場所《ばしょ》に行《い》き、しばらくそれを見《み》わたしていました。ところが、なにを思《おも》ったか、いきなり後《うし》ろを向《む》いて、敵《てき》のほうにおしりをつきだして、

「敵《てき》の大将《たいしょう》、しりでもくらえ。」

と言《い》いながら、おしりをポンポンとたたいてみせました。

年《とし》はとっても、小《こ》ざるのころのような、ゆかいな秀吉《ひでよし》です。りっぱな金色《きんいろ》のかぶとをつけ、くじゃくの羽根《はね》でかざった、まっ赤《か》な陣羽織《じんばおり》を着《き》た秀吉《ひでよし》の姿《すがた》は、遠《とお》くのほうからもよく見《み》えます。四、五人《にん》の武士《ぶし》がそばについて守《まも》っているのですから、まちがえることもありません。徳川方《とくがわがた》の武士《ぶし》たちは、口々《くちぐち》に、

「見《み》ろ、秀吉《ひでよし》だぞ。敵《てき》の大将《たいしょう》だ。」

「よし。討《う》ちとって、手柄《てがら》にしてやろう。」

と言《い》いながら、秀吉《ひでよし》めがけて、鉄砲《てっぽう》をうちかけました。おともの武士《ぶし》たちは顔色《かおいろ》をかえて、あわてました。けれども、秀吉《ひでよし》は平気《へいき》で、

「天下《てんか》の大将軍《だいしょうぐん》に、ひょろひょろだまが当《あ》たってたまるものか。」

と、大《おお》わらいをしながら、去《さ》っていきました。

家康《いえやす》も、秀吉《ひでよし》に負《ま》けない、いくさのじょうずな大将《たいしょう》でした。およそ半年《はんとし》のあいだ、

たがいの軍《ぐん》はにらみあいをつづけていました。秀吉方《ひでよしがた》の大名《だいみょう》のなかには、がまんできなくなって出撃《しゅつげき》してしまった者《もの》がいたのですが、その者《もの》たちは、家康《いえやす》によってさんざんに打《う》ちまかされてしまいました。そのうちに秀吉《ひでよし》は、家康《いえやす》のようなりっぱな大名《だいみょう》といつまでもあらそっていることはむだだ、早《はや》く手《て》をにぎって、なかよくしたほうがよい、と考《かんが》えるようになりました。そしてまず、信雄《のぶかつ》と仲直《なかなお》りをしました。

いっぽう家康《いえやす》のほうでも、自分《じぶん》は信雄《のぶかつ》を助《たす》けるためにいくさを始《はじ》めたので、べつに秀吉《ひでよし》にうらみをもっているわけではない、ただいくら秀吉《ひでよし》の威勢《いせい》が強《つよ》くなっても、けっして頭《あたま》を下《さ》げない大名《だいみょう》もあるのだ、たたかう気《き》ならば、いつでも来《く》るがよい、という自分《じぶん》の気持《きも》ちを、広《ひろ》く世《よ》の中《なか》の人《ひと》びとに知《し》らせれば、それでよいのだ、と考《かんが》えたのです。こうして秀吉《ひでよし》も家康《いえやす》も、おたがいに軍勢《ぐんぜい》を引《ひ》きあげ、仲直《なかなお》りをすることにしました。

これからのち、かしこい家康《いえやす》は、おとなしく秀吉《ひでよし》を上《うえ》に立《た》てて、自分《じぶん》はその家来《けらい》として、またよい相談相手《そうだんあいて》として、したがうことにしました。秀吉《ひでよし》のほうも、家康《いえやす》をたよりにするようになりました。

秀吉《ひでよし》は、そのころの習《なら》わしにしたがって、おたがいに兄弟《きょうだい》としてのつきあいができるように、妹《いもうと》の朝日姫《あさひひめ》を送《おく》って、家康《いえやす》の奥方《おくがた》にしました。この朝日姫《あさひひめ》は、秀吉《ひでよし》がまだ中村《なかむら》にいて、小《こ》ざるとよばれていたころ、生《う》まれたばかりの赤《あか》んぼうだった妹《いもうと》です。

秀吉《ひでよし》としては、紀伊《きい》の国《くに》（和歌山県《わかやまけん》）や四国《しこく》などで、手向《てむ》かいをつづけている大名《だいみょう》や農民《のうみん》たちをおさえつけなければならないので、東《ひがし》のほうの国々《くにぐに》をしずめる仕事《しごと》は、家康《いえやす》にまかせるつもりだったのです。

秀吉《ひでよし》と妹《いもうと》の朝日姫《あさひひめ》との間《あいだ》に弟《おとうと》がひとりいました。大人《おとな》になってからの名《な》を秀長《ひでなが》といいました。この秀長《ひでなが》は、秀吉《ひでよし》の家来《けらい》となって仕《つか》え、たびたび大《おお》きな手柄《てがら》を立《た》てたので、秀吉《ひでよし》は秀長《ひでなが》を、まるで自分《じぶん》の片腕《かたうで》のように、ほかのだれよりもたよりにしていました。

高松《たかまつ》の城《しろ》を水《みず》ぜめにしたときにも、山崎《やまざき》のいくさで明智光秀《あけちみつひで》をやぶったときにも、また賤ヶ岳《しずがたけ》のいくさにも、小牧《こまき》の戦《たたか》いでも、秀長《ひでなが》は一方《いっぽう》の旗《はた》がしらとしてはたらきました。この小牧《こまき》の戦《たたか》いのあと、秀吉《ひでよし》は紀伊《きい》の国《くに》にせめいって、その地方《ちほう》をしたがえましたが、秀長《ひでなが》もそのとき、大《おお》きな手柄《てがら》を立《た》てました。このいくさのあと、秀吉《ひでよし》は、秀《ひで》長《なが》に和泉《いずみ》（大阪府南西部《おおさかふなんせいぶ》）・紀伊《きい》のふたつの国《くに》をおさめさせることにしました。

この地方《ちほう》は山《やま》が深《ふか》く重《かさ》なりあって、道《みち》はけわしく、行《ゆ》き来《き》にも不便《ふべん》なところです。山《やま》の中《なか》の村々《むらむら》には、昔《むかし》からその土地《とち》に住《す》みついて、大《おお》きな勢力《せいりょく》をもっている家《いえ》が多《おお》く、なかなか言《い》うことを聞《き》かないのです。また海《うみ》にそった地方《ちほう》の人《ひと》びとは、船《ふね》づくりが得意《とくい》で、海《うみ》に乗《の》りだしては海賊行為《かいぞくこうい》をはたらき、大名《だいみょう》をしのぐような大《おお》きな勢《いきお》いをふるっていました。信長《のぶなが》でさえ、この地方《ちほう》をしずめるのには手《て》を焼《や》いていたくらいです。

秀長《ひでなが》は、この地方《ちほう》の殿《との》さまとなってから、海《うみ》にそった岡山《おかやま》というところに、りっぱな城《しろ》をきずきました。この岡山《おかやま》がのちに和歌山《わかやま》として、さかえることとなったのです。

秀長《ひでなが》は、その領内《りょうない》を丸《まる》くおさめることに力《ちから》を注《そそ》ぎました。そのため、これまで秀吉《ひでよし》の威勢《いせい》にしたがおうとしなかった人《ひと》びとも、みなおとなしく秀吉《ひでよし》のためにつくすようになりました。そのことは、秀吉《ひでよし》にとってはたいそう都合《つごう》のよいことでした。というのは、これまで海賊《かいぞく》としてあばれまわっていた人《ひと》たちを、味方《みかた》につけることとなったからです。

そのころ秀吉《ひでよし》は、海《うみ》をこえて四国《しこく》にわたって、土佐《とさ》の国《くに》（高知県《こうちけん》）に根城《ねじろ》のある大《だい》名《みょう》の長曾我部元親《ちょうそかべもとちか》をせめようと考《かんが》えていました。そして秀長《ひでなが》に、船《ふね》を用意《ようい》し、軍勢《ぐんぜい》をととのえることを言《い》いつけました。

元親《もとちか》は古《ふる》い家柄《いえがら》の、りっぱな大名《だいみょう》で、海《うみ》に囲《かこ》まれた四国一帯《しこくいったい》に、大《おお》きな勢《いきお》いをふるっていました。そしてその力《ちから》をたのんで、秀吉《ひでよし》にも頭《あたま》を下《さ》げようとはしませんでした。海《うみ》の流《なが》れがはげしく、船《ふね》の難所《なんしょ》として名高《なだか》い鳴門海峡《なるとかいきょう》をこえて、秀吉《ひでよし》の軍《ぐん》がせめこんでくることはあるまい、と元親《もとちか》は安心《あんしん》していたのです。

しかし、秀吉《ひでよし》にかわって総大将《そうだいしょう》となった秀長《ひでなが》は、およそ１０００そうの船《ふね》を淡路島《あわじしま》の港《みなと》に用意《ようい》させました。船乗《ふなの》りも、このあたりの海《うみ》のようすをよく心得《こころえ》たあらくれ男《おとこ》たちです。８万人《まんにん》にあまる大軍《たいぐん》が、あとからあとから海《うみ》をこえて、阿波《あわ》の国《くに》（徳島《とくしま》県《けん》）に上陸《じょうりく》を始《はじ》めました。

いっぽう、このころ秀吉《ひでよし》と手《て》をにぎっていた安芸《あき》の国《くに》の毛利輝元《もうりてるもと》も、加勢《かせい》の軍勢《ぐんぜい》を送《おく》って力《ちから》を合《あ》わせ、元親《もとちか》の家来《けらい》の守《まも》っている、城《しろ》やとりでをつぎつぎにせめおとして、土佐《とさ》の国《くに》にせめよせました。

大坂《おおざか》の城《しろ》で、そのいくさのもようを気《き》にしていた秀吉《ひでよし》は、使《つか》いを秀長《ひでなが》のもとに送《おく》って、

「敵《てき》の元親《もとちか》は、なかなかいくさのじょうずな大将《たいしょう》と聞《き》いている。秀長《ひでなが》には、手強《てごわ》い相《あい》手《て》らしい。このままでは気《き》がかりだから、近《ちか》いうちにわたしが出《で》かけていってたたかうつもりだ。」

とつたえさせました。しかし秀長《ひでなが》は、

「ご心配《しんぱい》にはおよびません。もう一息《ひといき》です。近《ちか》いうちに、かならず敵《てき》の元親《もとちか》を降参《こうさん》さ

せて、大坂《おおざか》にがいせんいたします。」

という返事《へんじ》を、大坂《おおざか》に送《おく》りました。

秀吉《ひでよし》は、すぐにでも出陣《しゅつじん》するつもりでいたのですが、弟《おとうと》の秀長《ひでなが》がせっかくこう言《い》ってきたのですから、秀長《ひでなが》の顔《かお》を立《た》てて、出陣《しゅつじん》を思《おも》いとどまりました。やがて、元《もと》親《ちか》が降参《こうさん》したという知《し》らせがとどいたとき、秀吉《ひでよし》は大喜《おおよろこ》びでした。そして、秀長《ひでなが》はほんとうにたよりになる弟《おとうと》だと、つくづく思《おも》いました。

元親《もとちか》が家来《けらい》になることをちかったので、秀吉《ひでよし》は、元親《もとちか》をゆるして、土佐《とさ》の国《くに》だけをおさめさせることにしたのです。

関白《かんぱく》になる

このようにして、信長《のぶなが》が本能寺《ほんのうじ》でほろぼされてからわずか3年《ねん》ばかりのあいだに、東《ひがし》は中部地方《ちゅうぶちほう》から、西《にし》は中国《ちゅうごく》・四国地方《しこくちほう》まで、日本《にっぽん》の大部分《だいぶぶん》が秀吉《ひでよし》の威勢《いせい》にしたがうことになったわけです。秀吉《ひでよし》は、それらの国々《くにぐに》をおさめる大名《だいみょう》たちの上《うえ》に立《た》って、指《さ》図《ず》をすることができます。

秀吉《ひでよし》が、ある国《くに》の大名《だいみょう》をほかの国《くに》にうつしたいと思《おも》えば、思《おも》うままにそれをうつすことができるのです。秀吉《ひでよし》から、ほかの国《くに》へうつれ、と命令《めいれい》されれば、大名《だいみょう》たちは、すぐにその城《しろ》を明《あ》けわたして、おおぜいの家来《けらい》をつれて、決《き》められたところにうつっていかなければなりませんでした。

このように武士《ぶし》たちの上《うえ》に立《た》って指図《さしず》をする頭《かしら》が、朝廷《ちょうてい》から征夷大将軍《せいいたいしょうぐん》（普通《ふつう》、将《しょう》軍《ぐん》とよんでいます）という役《やく》の名《な》をもらうのは、古《ふる》くからの習《なら》わしでした。その征夷《せいい》大将軍《たいしょうぐん》が家来《けらい》の武士《ぶし》たちをおさめ、国《くに》の決《き》まりを定《さだ》める役所《やくしょ》が幕府《ばくふ》です。

秀吉《ひでよし》も、これだけ大《おお》きな勢《いきお》いをもつようになったのですから、征夷大将軍《せいいたいしょうぐん》になりたいと思《おも》いました。

京都《きょうと》は長《なが》いあいだ、天皇《てんのう》のいる都《みやこ》としてさかえていたところでしたが、国中《くにじゅう》がみだれていたあいだに、天皇《てんのう》を中心《ちゅうしん》とする朝廷《ちょうてい》の勢《いきお》いは、すっかりおとろえてしまいました。しかし、大昔《おおむかし》から神《かみ》さまのようにうやまわれてきた天皇《てんのう》は、人《ひと》びとの心《こころ》の中《なか》にいつも大《おお》きな力《ちから》をもっていたのです。信長《のぶなが》は京都《きょうと》に勢《いきお》いをのばしたとき、天皇《てんのう》のために御所《ごしょ》を新《あたら》しくたてたり、また領地《りょうち》をさしあげたりしました。

信長《のぶなが》のあとをついだ秀吉《ひでよし》も、天皇《てんのう》のためにいろいろ力《ちから》をつくしました。その手柄《てがら》によって、朝廷《ちょうてい》から内大臣《ないだいじん》という高《たか》い役《やく》にしてもらったのです。朝廷《ちょうてい》の勢《いきお》いがさかんだった昔《むかし》ならば、とても武士《ぶし》の身《み》などではなれなかった役《やく》です。古《ふる》くからのしきたりを大切《たいせつ》にする朝廷《ちょうてい》で、名《な》ばかりとはいえ内大臣《ないだいじん》になったということは、秀吉《ひでよし》にとっては、たいへんな名誉《めいよ》だったのです。

ところが、武士《ぶし》としていちばん高《たか》い征夷大将軍《せいいたいしょうぐん》という役《やく》には、秀吉《ひでよし》はなることができませんでした。当時《とうじ》は、信長《のぶなが》のために京都《きょうと》から追《お》いだされてしまった足利義昭《あしかがよしあき》が、形《かたち》の上《うえ》でまだ将軍《しょうぐん》だったのです。

義昭《よしあき》は京都《きょうと》を追《お》いはらわれてから、みじめなくらしをつづけて、ようやく安芸《あき》の国《くに》の毛利輝元《もうりてるもと》をたよっていって、そのころは、その領内《りょうない》の鞆《とも》の津《つ》という町《まち》に住《す》んでいま

した。秀吉《ひでよし》は義昭《よしあき》のところに手紙《てがみ》を送《おく》って、

「わたしは朝廷《ちょうてい》を守《まも》り、日本《にっぽん》をひとつにまとめ、平和《へいわ》におさめていくために、ぜひ征《せい》夷大将軍《いたいしょうぐん》になりたいと思《おも》っています。あなたは足利《あしかが》の家《いえ》の血筋《ちすじ》を引《ひ》いて、征夷大将軍《せいいたいしょうぐん》になっていた方《かた》です。どうか形《かたち》だけでよいのですが、わたしを養子《ようし》にしてください。そして、わたしを征夷大将軍《せいいたいしょうぐん》にしてください。その代《か》わり、わたしは、あなたが一生《いっしょう》楽《らく》にくらすことができるように、はからうつもりです。」

とたのみました。いくさをしたらどんな相手《あいて》にも負《ま》けない秀吉《ひでよし》も、朝廷《ちょうてい》の古《ふる》いしきたりや習《なら》わしにはさからうことができません。いまはもう見《み》るかげもない義昭《よしあき》に向《む》かって、まるで手《て》を合《あ》わせるようにして、お願《ねが》いしたのです。

ところが、義昭《よしあき》はこの手紙《てがみ》を見《み》て、こう考《かんが》えました。

(なんというあつかましい男《おとこ》だろう。わたしは、いまでこそ、こんなわびしいくらしを送《おく》っているが、足利《あしかが》というりっぱな家《いえ》の血筋《ちすじ》を引《ひ》いて、征夷大将軍《せいいたいしょうぐん》になっていたのだ。秀吉《ひでよし》は、身分《みぶん》がひくい家《いえ》の子《こ》で、信長《のぶなが》にとりたてられて、ようやく出世《しゅっせ》したにす

ぎない。世《よ》が世《よ》ならば、わたしの前《まえ》にも出《で》ることのできないような身分《みぶん》の、成《な》り上《あ》がり者《もの》が、養子《ようし》にしてほしいとは、まったくあきれた話《はなし》だ。)

そこで、秀吉《ひでよし》からの申《もう》し出《で》を、ことわってしまったのです。

秀吉《ひでよし》ははらを立《た》てましたが、このことばかりは、さすがの秀吉《ひでよし》でもどうすることもできません。そのとき、朝廷《ちょうてい》に仕《つか》えているひとりの公家《くげ》が、

「あなたのようなりっぱな方《かた》が、義昭《よしあき》などに頭《あたま》を下《さ》げてまで、征夷大将軍《せいいたいしょうぐん》になることはありません。なるほど征夷大将軍《せいいたいしょうぐん》といえば、武士《ぶし》としてはいちばん高《たか》い役《やく》です。しかし、もし朝廷《ちょうてい》でいちばん高《たか》い関白《かんぱく》という役《やく》につくことができたならば、征夷大将軍《せいいたいしょうぐん》などは、つまらない役《やく》ではありませんか。」

と言《い》って、関白《かんぱく》になることをすすめました。秀吉《ひでよし》も、

「そうだ。関白《かんぱく》になることができたら、ほかにのぞむことはない。」

と言《い》いました。

そこで、その公家《くげ》が、いろいろ手続《てつづ》きをして、秀吉《ひでよし》は関白《かんぱく》の役《やく》につくことになった

のです。天正《てんしょう》13年《ねん》（1585）年《ねん》のことです。

秀吉《ひでよし》は関白《かんぱく》になったことが、うれしくてたまりませんでした。そこで、そのお礼《れい》として、京都《きょうと》の御所《ごしょ》の中《なか》で、茶《ちゃ》の湯《ゆ》の会《かい》を開《ひら》いて、正親町天皇《おおぎまちてんのう》をはじめ、親王《しんのう》や公家《くげ》たちに、自分《じぶん》からお茶《ちゃ》をたててさしあげました。茶《ちゃ》の湯《ゆ》の師匠《ししょう》の千利休《せんのりきゅう》もそばにすわっていました。

そのころ、茶《ちゃ》の湯《ゆ》は、ずいぶんはやっていたのですが、宮中《きゅうちゅう》で茶《ちゃ》の湯《ゆ》の会《かい》を開《ひら》くなどということは、これまでなかったことでした。

そしてその翌年《よくねん》から、秀吉《ひでよし》は豊臣《とよとみ》という新《あたら》しい姓《せい》を名乗《なの》ることになりました。関白《かんぱく》豊臣秀吉《とよとみひでよし》になったわけです。

京都《きょうと》の御所《ごしょ》の中《なか》で開《ひら》いた茶《ちゃ》の湯《ゆ》の会《かい》には、こんな後日談《ごじつだん》があります。秀吉《ひでよし》は、その会《かい》から3月《みつき》ほどたったころに、今度《こんど》は、自慢《じまん》の金《きん》の茶室《ちゃしつ》を大坂城《おおざかじょう》からわざわざ京都《きょうと》まで運《はこ》んで、御所《ごしょ》の中《なか》でそれを組《く》みたて、天皇《てんのう》にお茶《ちゃ》をたてました。

なお、その会《かい》のあとで、このりっぱな茶室《ちゃしつ》は、京都《きょうと》の紫野《むらさきの》というところにかざられました。たくさんの人《ひと》びとが集《あつ》まってきて、目《め》を丸《まる》くして見物《けんぶつ》したということです。

キリシタンの教《おし》え

関白《かんぱく》になってから、2年《ねん》ほどたった夏《なつ》のある日《ひ》のことです。九州《きゅうしゅう》の博多《はかた》の海《うみ》にうかぶポルトガル船《せん》の甲板《かんぱん》の上《うえ》で、秀吉《ひでよし》はゆったりといすに腰《こし》をかけて、すずしい風《かぜ》にふかれていました。前《まえ》のテーブルの上《うえ》には、赤《あか》いぶどう酒《しゅ》や、めずらしいポルトガルのおかしなどが、たくさんならんでいます。

秀吉《ひでよし》の相手《あいて》をしているのは、派手《はで》な上着《うわぎ》をつけた船長《せんちょう》と、まっ黒《くろ》い服《ふく》に十字架《じゅうじか》をさげた神父《しんぷ》たちです。なかでもいちだんと目立《めだ》っているのは、ガスパール・コエリョという年《とし》をとった神父《しんぷ》でした。

秀吉《ひでよし》が遠《とお》く九州《きゅうしゅう》まで来《き》たのは、このときがはじめてでした。そのころまで九州《きゅうしゅう》は、南《みなみ》の薩摩《さつま》の国《くに》（鹿児島県西部《かごしまけんせいぶ》）の大名《だいみょう》の島津義久《しまづよしひさ》がたいそう勢《いきお》いをふるっていて、秀《ひで》吉《よし》の言《い》うことなど聞《き》こうともしなかったのでした。そこでこの年《とし》の春《はる》、秀吉《ひでよし》は島津《しまづ》を相手《あいて》に大《おお》がかりないくさを始《はじ》め、とうとう薩摩《さつま》の国《くに》までせめよせて、義久《よしひさ》を降参《こうさん》させてしまったのでした。

博多《はかた》へ来《き》たのは、その帰《かえ》り道《みち》のことです。博多《はかた》は九州第一《きゅうしゅうだいいち》のにぎやかな町《まち》で、昔《むかし》から外国《がいこく》との貿易《ぼうえき》がさかんに行《おこな》われていた港《みなと》です。その博多《はかた》の町《まち》が戦《たたか》いのために、焼《や》け野原《のはら》となっていたので、秀吉《ひでよし》は、早《はや》くこの町《まち》をたてなおさなければならないと、家来《けらい》に言《い》いつけて、新《あたら》しく道筋《みちすじ》を決《き》めたり、家《いえ》をたてたりする仕事《しごと》を急《いそ》がせていました。

そこへ、コエリョ神父《しんぷ》がたずねてきました。

神父《しんぷ》はまえの年《とし》に、大坂城《おおざかじょう》まで出《で》かけていって、秀吉《ひでよし》にあついもてなしを受《う》けたことがあります。そのときのお礼《れい》を申《もう》しあげ、またこの町《まち》にまえからあった教会堂《きょうかいどう》を、新《あたら》しくもう一度《いちど》たてることをたのみにきたのです。

秀吉《ひでよし》は、ひさしぶりに会《あ》ったこの神父《しんぷ》の顔《かお》を見《み》て、大喜《おおよろこ》びでした。そしてお茶《ちゃ》をたてすめたり、いろいろなごちそうを出《だ》したりして、もてなしました。教会堂《きょうかいどう》をたてることをゆるしたのは、言《い》うまでもありません。

「この九州《きゅうしゅう》の国々《くにぐに》は、すべてわたしの威勢《いせい》にしたがうことになりました。あとは、関《かん》東《とう》の小田原《おだわら》にいる北条氏政《ほうじょううじまさ》の親子《おやこ》をおさえつけてしまえば、陸奥《むつ》の国《くに》（福島県《ふくしまけん》・宮城《みやぎ》県《けん》・岩手県《いわてけん》・青森県《あおもりけん》）のほうもおとなしくしたがってくるでしょう。そうなれば、日本《にほん》中《じゅう》でわたしに手向《てむ》かう大名《だいみょう》はひとりもいないことになります。わたしは日本全体《にっぽんぜんたい》をしたがえてしまったあとで、海《うみ》をわたって、大陸《たいりく》にせめこもうと考《かんが》えています。そして、朝鮮《ちょうせん》から明《みん》（当時《とうじ》の中国《ちゅうごく》の王朝《おうちょう》）まで、すべてわたしの思《おも》うままになるようにしてみたい、それがわたしの夢《ゆめ》なのです。」

秀吉《ひでよし》は、そんな大《おお》きなことを言《い》って、コエリョ神父《しんぷ》をおどろかせました。

秀吉《ひでよし》がポルトガル船《せん》を見物《けんぶつ》に出《で》かけたのは、それから二、三日《にち》あとのことでした。

秀吉《ひでよし》には、この遠《とお》い国《くに》から来《き》た船《ふね》がめずらしくてたまりませんでした。

そして、きれいにかざりつけられた船長《せんちょう》の部屋《へや》から、うす暗《ぐら》い船底《ふなぞこ》の荷物倉《にもつぐら》まで、すっかり案内《あんない》してもらいました。帰《かえ》るときには、コエリョ神父《しんぷ》に向《む》かって、ぶどう酒《しゅ》とおかしを、あとからとどけてほしいとたのみました。よっぽど気《き》に入《い》ったと見《み》えます。

秀吉《ひでよし》の乗《の》った船《ふね》が港町《みなとまち》のほうへ、遠《とお》ざかっていくのを見送《みおく》りながら、神父《しんぷ》たちは、

「関白《かんぱく》どのはほんとうにりっぱな方《かた》です。これで、日本《にっぽん》もようやく平和《へいわ》な国《くに》になるでしょう。」

「教会《きょうかい》も関白《かんぱく》どののお力《ちから》ぞえによって、ますますさかえるにちがいありません。どこの町《まち》にも教会堂《きょうかいどう》がたち、信者《しんじゃ》の数《かず》はますますふえていくことでしょう。」

と話《はな》しあっていました。

その夜《よる》のことです。秀吉《ひでよし》は博多《はかた》の本陣《ほんじん》に家来《けらい》の大将《たいしょう》たちを集《あつ》めて、酒盛《さかも》りをしていました。ポルトガル船《せん》からとどいたぶどう酒《しゅ》を飲《の》みながら、いろいろ話《はな》しあっているうちに、話《はなし》はいつかポルトガル人《じん》のことや、キリスト教《きょう》のことにうつっていきました。

すると、秀吉《ひでよし》のそばに仕《つか》えているひとりの年寄《としよ》りのお坊《ぼう》さんが、顔《かお》をまっ赤《か》にして、口《くち》をとがらせ、こんなことを言《い》いだしたのです。

「キリシタン（キリスト教《きょう》のこと）は、まったくけしからん教《おし》えです。お大名方《だいみょうがた》の間《あいだ》にも信者《しんじゃ》がいるようですが、自分《じぶん》だけで、勝手《かって》にキリシタンの神《かみ》をおがんでおられるのなら、なにも言《い》うことはありません。ところが、キリシタンに入《はい》ったお大名《だいみょう》は、みんな、その家来《けらい》や、領内《りょうない》の農民《のうみん》たちまでも、むりにその教《おし》えに引《ひ》きいれようとするのです。そのうえ、領内《りょうない》にある神社《じんじゃ》やお寺《てら》を片《かた》はしからこわしたり、焼《や》きはらったりして、その代《か》わりに、キリシタンの神《かみ》をまつる教会堂《きょうかいどう》をたてています。これでは、農民《のうみん》たちは、神社《じんじゃ》にお参《まい》りすることもできなければ、お寺《てら》で法事《ほうじ》をすることもできません。いやでも十字架《じゅうじか》をおがまなくてはならないことになります。こんなことがあっていいものでしょうか。」

するとほかの家来《けらい》たちも、口々《くちぐち》に、

「わたしはこんなことを聞《き》きました。南蛮寺《なんばんじ》では、たとえ殿《との》さまの命令《めいれい》にはそむいても、キリシタンの神《かみ》の教《おし》えにはしたがわなければいけない、と信者《しんじゃ》に説教《せっきょう》しているそうです。神《かみ》の教《おし》えを守《まも》るためには、一揆《いっき》を起《お》こしてもいい、ということになります。」

「このうえ、キリシタンの信者《しんじゃ》がふえていくと、たいへんなことになってしまいます。せっかく平和《へいわ》の日《ひ》をむかえようとしているのに、今度《こんど》はキリシタンの大名《だいみょう》や信者《しんじゃ》たちがひとつにまとまって、さわぎを起《お》こすかもしれません。」

まわりから、こんな話《はなし》をさんざん聞《き》かされているうちに、秀吉《ひでよし》は少《すこ》し心配《しんぱい》になってきました。信長《のぶなが》に仕《つか》えていたころから、秀吉《ひでよし》はキリシタンの教《おし》えについては、いろいろ聞《き》いて知《し》っていました。信長《のぶなが》は京都《きょうと》や安土《あづち》の町《まち》に、りっぱな教会堂《きょうかいどう》をたてさせ、いつも神父《しんぷ》たちと親《した》しくしていたのです。

秀吉《ひでよし》の家来《けらい》の大名《だいみょう》たちのなかにも、山崎《やまざき》のいくさなどで、いろいろ手柄《てがら》のあった高山右近《たかやまうこん》をはじめ、もと堺《さかい》の商人《しょうにん》だった小西行長《こにしゆきなが》など、キリシタンの教《おし》えを信《しん》じて、いつも胸《むね》に十字架《じゅうじか》を光《ひか》らせている人《ひと》たちが幾人《いくにん》もいました。北九州《きたきゅうしゅう》の国々《くにぐに》の大名《だいみょう》たちの間《あいだ》にも、同《おな》じ信者《しんじゃ》が少《すく》なくありません。まえに大坂《おおざか》の城《しろ》にあいさつにきた大友宗麟《おおともそうりん》

（義鎮《よししげ》）もそのひとりで、宗麟《そうりん》は、ちょうどこのころ死《し》んだばかりでしたが、神父《しんぷ》たちは、まるで教会《きょうかい》をささえる大黒柱《だいこくばしら》のように、宗麟《そうりん》をたよりにしていたのです。

また、肥前《ひぜん》の国《くに》（佐賀《さが》・長崎県《ながさきけん》）の大村《おおむら》の大村純忠《おおむらすみただ》も熱心《ねっしん》な信者《しんじゃ》でしたが、宗麟《そうりん》と同《おな》じころに死《し》にました。純忠《すみただ》は、まえにその領内《りょうない》にある長崎《ながさき》の町《まち》を、教会《きょうかい》のために寄《き》付《ふ》してしまいました。ですから、毎年《まいねん》のようにポルトガルの船《ふね》がいかりをおろす長崎《ながさき》の町《まち》は、このころには教会《きょうかい》の領地《りょうち》になっていたのです。

秀吉《ひでよし》は、大徳寺《だいとくじ》で信長《のぶなが》のお葬式《そうしき》をしたときに、高山右近《たかやまうこん》が、

「わたくしはキリシタンの教《おし》えを守《まも》っているものです。仏教《ぶっきょう》の習《なら》わしにしたがうことはできません。」

と言《い》って、仏《ほとけ》さまの前《まえ》でお焼香《しょうこう》をしなかったことを思《おも》いだしました。

「たとえ、日本中《にほんじゅう》の国々《くにぐに》をしたがえることができても、信者《しんじゃ》の心《こころ》の中《なか》にあるキリシタンの神《かみ》ばかりは、手《て》をつけることはできない。そのキリシタンの神《かみ》を信《しん》じている信者《しんじゃ》たちが、大名《だいみょう》から農民《のうみん》たちまで、ひとつになって手向《てむ》かってきたら、おそろしいこと

になる。この九州《きゅうしゅう》で神父《しんぷ》たちがたよりにしている大友宗麟《おおともそうりん》も、大村純忠《おおむらすみただ》も死《し》んだばかりだ。キリシタンの教《おし》えをおさえつけるのには、いまがいちばん都合《つごう》がよい。」

こう考《かんが》えた秀吉《ひでよし》は、すぐに使《つか》いの者《もの》を高山右近《たかやまうこん》のところに送《おく》って、キリシタンの教《おし》えを信《しん》じることをやめさせようとしました。ところが、信仰《しんこう》にあつい右近《うこん》は、

「たとえ領地《りょうち》をとりあげられても、キリシタンの教《おし》えはすてません。」

と、きっぱりことわってきました。

秀吉《ひでよし》はたいそうはらを立《た》てました。そして、すぐに右近《うこん》の領地《りょうち》をとりあげてしまうことに決《き》めました。右近《うこん》はこうして、その信仰《しんこう》のために、その城《しろ》をうしない、大名《だいみょう》としてのくらしからはなれてしまったのでした。

いっぽう秀吉《ひでよし》は、今度《こんど》は、港《みなと》の船《ふね》にいるコエリョ神父《しんぷ》のもとに、キリシタンの教《おし》えを広《ひろ》めることをせめる、きびしい手紙《てがみ》をとどけさせました。

コエリョ神父《しんぷ》は、秀吉《ひでよし》からの使《つか》いが来《き》たと聞《き》いて、よろこんで出《で》むかえましたが、その手紙《てがみ》を開《ひら》いてみて、思《おも》いもよらない言《い》いがかりに、しばらくのあいだは口《くち》もきけ

ませんでした。その手紙《てがみ》には、どうして日本人《にほんじん》が大事《だいじ》にしている神社《じんじゃ》やお寺《てら》をこわしたりするのかとか、日本《にっぽん》では牛《うし》や馬《うま》を大事《だいじ》にしているのに、信者《しんじゃ》たちに、それを殺《ころ》して肉《にく》を食《た》べるようなことをさせるのはなぜか、などということが書《か》いてあったのです。

　コエリョ神父《しんぷ》は、使《つか》いの武士《ぶし》に向《む》かって、

「キリシタンの教《おし》えは正《ただ》しい教《おし》えです。そのために、しだいに信者《しんじゃ》が多《おお》くなるのです。けっして、人《ひと》びとをむりに教《おし》えに引《ひ》きいれようとしているわけではありません。信者《しんじゃ》たちは、信仰《しんこう》に熱心《ねっしん》なあまり、自分《じぶん》たちの手《て》で、神社《じんじゃ》やお寺《てら》をこわしてしまうのです。また、牛《うし》や馬《うま》の肉《にく》を食《た》べるのは、ポルトガル人《じん》の習《なら》わしですが、もしいけないというのならば、やめさせましょう。」

などと、いろいろ申《もう》し開《ひら》きをしました。

　秀吉《ひでよし》は、コエリョ神父《しんぷ》からの言《い》いわけを聞《き》いて、ますますはらを立《た》てました。そしてすぐに、家来《けらい》に筆《ふで》をとらせて、

「キリシタンの教《おし》えを広《ひろ》めてはならない。20日《はつか》のあいだだけは見《み》のがしてやるから、そのあいだにしたくをして、みんな、日本《にっぽん》の国《くに》から出《で》ていってしまえ。」
という、きびしい命令《めいれい》を書《か》かせました。その書《か》きつけは、すぐにコエリョ神父《しんぷ》のところにとどけられました。そして同《おな》じころ、町《まち》や村《むら》には、秀吉《ひでよし》のキリスト教《きょう》を禁止《きんし》する命令《めいれい》をつたえる立《た》て札《ふだ》が、高《たか》く立《た》てられました。

キリシタンの教《おし》えは、このときから数《かぞ》えて、38年《ねん》ほどまえに、はじめて日本《にっぽん》につたえられたのですが、北九州《きたきゅうしゅう》から、京都《きょうと》・大坂《おおざか》にかけて、さかんに広《ひろ》まり、ことに信長《のぶなが》が神父《しんぷ》たちの後《うし》ろだてとなったために、信者《しんじゃ》の数《かず》は15万人《まんにん》をこえるほどになっていたのです。

しかし、秀吉《ひでよし》のこの命令《めいれい》が出《で》たため、あちこちの町《まち》や村《むら》にあった教会堂《きょうかいどう》は、すべてとりこわされ、高《たか》いおかの上《うえ》などに立《た》てられていた大《おお》きな十字架《じゅうじか》は、みんなとりのぞかれてしまいました。これまで、教会《きょうかい》の領地《りょうち》としてさかえていた長崎《ながさき》の町《まち》などは、まるで火《ひ》の消《き》えたようにさびしくなってしまいました。

コエリョ神父《しんぷ》は、ほかの神父《しんぷ》たちと相談《そうだん》したあげく、

（関白《かんぱく》さまが、出《だ》しぬけにあのようなことを言《い》いだしたのは、きっとまわりの者《もの》にいろいろつげ口《ぐち》をされて、はら立《だ》ちまぎれにしたことにちがいない。キリシタンの教《おし》えはよろしくないと言《い》いながら、ポルトガルの船《ふね》が来《く》ることを禁止《きんし》しないのは、その証《しょう》拠《こ》だ。関白《かんぱく》さまという人《ひと》は、短気《たんき》でおこりっぽい性格《せいかく》だけれども、おこったことをすぐにわすれてしまう、気《き》のかわりやすい人《ひと》だとも聞《き》いている。だから、もう一度《いちど》おとなしくたのんでみれば、ゆるしてもらえるかもしれない。）

と思《おも》ったので、日本《にっぽん》の国《くに》からはなれず、そのままこっそりとどまっていたのです。

秀吉《ひでよし》も、そのあと関東《かんとう》のいくさのことなどでいそがしく、神父《しんぷ》たちのことを、あまりきびしくせめようとはしませんでした。神父《しんぷ》たちも、用心《ようじん》して、これまでのように、大《おお》がかりな儀式《ぎしき》やにぎやかなお祭《まつ》りをすることをひかえ、あまり目立《めだ》たないように、教《おし》えを広《ひろ》めることにしたのです。

秀吉《ひでよし》は、キリシタンの教《おし》えを広《ひろ》めることは禁止《きんし》したのですが、ポルトガルの船《ふね》が長《なが》

崎《さき》の港《みなと》にきて、貿易《ぼうえき》をすることはさしつかえないと言《い》っていました。それは秀吉《ひでよし》が、これまでにも、家来《けらい》を長崎《ながさき》に送《おく》って、ポルトガルの船《ふね》が中国《ちゅうごく》から積《つ》んでくる生糸《きいと》を買《か》いしめて、大《おお》もうけをしたことがあったからです。

秀吉《ひでよし》は、外国《がいこく》の船《ふね》と取引《とりひき》をすると、たいそうもうかることを知《し》っていたので、商売《しょうばい》のほうでもなかなかぬけ目《め》がなかったのです。

次《つぎ》の年《とし》になると、秀吉《ひでよし》は長崎《ながさき》の町《まち》を神父《しんぷ》たちの手《て》からとりあげ、それからは、代官《だいかん》を送《おく》っておさめさせることにしました。こうなれば、ポルトガルの船《ふね》との取引《とりひき》も思《おも》うままになります。また、貿易《ぼうえき》によって大《おお》もうけをしたがっている、京都《きょうと》や大坂《おおざか》・堺《さかい》や博多《はかた》などの大《おお》きな商人《しょうにん》たちに恩《おん》をきせて、ポルトガル人《じん》と取《と》り引《ひ》きを行《おこな》わせれば、商《しょう》人《にん》たちを、思《おも》うとおりに動《うご》かすこともできます。

しかし、さすがの秀吉《ひでよし》も、ポルトガルの商人《しょうにん》と、キリシタンの神父《しんぷ》とが、切《き》っても切《き》れないあいだがらにあることを考《かんが》えてみなかったのです。

明日《あす》は知《し》られず

「10月1日《がつついたち》から10日《とおか》のあいだ、天気《てんき》がよければ、北野《きたの》の森《もり》で、大《おお》がかりな茶《ちゃ》の湯《ゆ》の会《かい》を開《ひら》く。茶《ちゃ》の湯《ゆ》のすきな者《もの》は、足軽《あしがる》でも町人《ちょうにん》でも、百姓《ひゃくしょう》でもよい。釜《かま》をひとつ、つるべをひとつ、茶《ちゃ》わんひとつだけでもよいから、持《も》って集《あつ》まってこい。茶《ちゃ》がなければ、麦《むぎ》などをいった粉《こな》でもよいから持《も》ってこい。そしてむしろの上《うえ》でも、地《じ》べたでも、席《せき》をつくって茶《ちゃ》をたてるがよい。外国人《がいこくじん》でも、すきな者《もの》は参加《さんか》してよい。特別茶《とくべつちゃ》の湯《ゆ》の道《みち》に熱心《ねっしん》な者《もの》があれば、関白《かんぱく》さまが自分《じぶん》で茶《ちゃ》をたててくださるはずである。なお、その日《ひ》は、数々《かずかず》の、りっぱな茶《ちゃ》の湯《ゆ》の道具《どうぐ》をならべて、見物《けんぶつ》させることになっている。」

こんな楽《たの》しいおふれを書《か》いた立《た》て札《ふだ》が、京都《きょうと》や大坂《おおざか》の町《まち》に立《た》てられたのは、秀吉《ひでよし》が九州《きゅうしゅう》のいくさからもどってから、まもなくのことでした。

関白《かんぱく》さまが、町人《ちょうにん》や農民《のうみん》たちといっしょに、北野《きたの》の広《ひろ》い松原《まつばら》で、秋草《あきくさ》の間《あいだ》で虫《むし》の音《ね》を聞《き》きながら、お茶《ちゃ》をたてて、楽《たの》しいときをすごすというのですから、人《ひと》びとはみんな大喜《おおよろこ》びです。

その日《ひ》は、空《そら》は晴《は》れわたって、秋《あき》の日《ひ》ざしが、あたたかく都《みやこ》の町《まち》をつつんでいました。広《ひろ》い北野《きたの》の松原《まつばら》では、あちらの岩《いわ》かげ、こちらの木《き》の下《した》に竹《たけ》の柱《はしら》の小屋《こや》をたてたり、かやで屋根《やね》をふいた茶室《ちゃしつ》をつくったり、柴《しば》のかきをめぐらしたり、人《ひと》びとは思《おも》い思《おも》いに茶席《ちゃせき》をこしらえました。

泉《いずみ》のそばに釜《かま》をすえて、お湯《ゆ》をわかしている人《ひと》もいます。箱《はこ》の中《なか》に小風炉《こぶろ》という湯《ゆ》わかしの釜《かま》を入《い》れて、肩《かた》にかついで、松林《まつばやし》の間《あいだ》を歩《ある》いていく人《ひと》もいます。あちらでは、さきみだれる萩《はぎ》のかげで、むしろをしいて、お茶《ちゃ》をたてています。こちらのほうでは、松《まつ》の枝《えだ》にひょうたんをつるし、根《ね》もとに茶《ちゃ》の湯《ゆ》の道具《どうぐ》をならべ、落《お》ち葉《ば》を集《あつ》めてたいています。

森《もり》かげの広《ひろ》い囲《かこ》いの中《なか》には、うわさには聞《き》いていても、とうてい見《み》ることのできな

いような、めずらしい茶釜《ちゃがま》や茶《ちゃ》わん・茶入《ちゃい》れ・茶杓《ちゃしゃく》や花入《はない》れなどが、ずらりとかざられて、茶《ちゃ》の湯《ゆ》のすきな人《ひと》びとの目《め》を楽《たの》しませてくれます。家来《けらい》の大名《だいみょう》たちや、金持《かねも》ちの商人《しょうにん》たちも、それぞれ自慢《じまん》の道具《どうぐ》を持《も》ちよって、見《み》せあったのです。

秀吉《ひでよし》は、自分《じぶん》からお茶《ちゃ》をたてて人《ひと》びとに飲《の》ませたり、またあちらこちらを歩《ある》いて、道具《どうぐ》を見物《けんぶつ》したり、またお茶《ちゃ》によばれたりして、この一日《いちにち》を楽《たの》しくすごしました。10《とお》日《か》つづけるはずでしたが、いろいろな都合《つごう》で、このもよおしは1日《にち》だけでおしまいになってしまいました。けれども、楽《たの》しかったこの日《ひ》のことは、次《つぎ》の年《とし》に行《おこな》われた聚楽《じゅらく》第行幸《だいぎょうこう》とならんで、いつまでも、都《みやこ》の人《ひと》びとのうわさにのぼりました。

ところで聚楽第《じゅらくだい》というのは、このころ秀吉《ひでよし》が京都《きょうと》につくった、広《ひろ》いりっぱなお城《しろ》です。まわりには高《たか》い石垣《いしがき》をきずき、深《ふか》い堀《ほり》をめぐらせてあります。屋根《やね》を金色《きんいろ》にかがやくかわらでふいた、りっぱな御殿《ごてん》がならんでいます。秀吉《ひでよし》がその勢《いきお》いをしめすために、大名《だいみょう》たちに言《い》いつけて、ぜいたくのかぎりをつくしてたてたのです。

この聚楽第《じゅらくだい》ができあがったので、そのお祝《いわ》いに秀吉《ひでよし》は、後陽成天皇《ごようぜいてんのう》をここにおまねきしたのです。織田信雄《おだのぶかつ》や徳川家康《とくがわいえやす》をはじめ、大名《だいみょう》たちがみんな集《あつ》まって、はなやかな天皇《てんのう》の行列《ぎょうれつ》をおむかえしました。その道筋《みちすじ》には、この行列《ぎょうれつ》を一目見《ひとめみ》ようとして、たくさんの人《ひと》びとがひしめきあっていました。天皇《てんのう》は、5日《いつか》のあいだ、この聚楽第《じゅらくだい》におとまりになりました。

このとき、秀吉《ひでよし》は、大名《だいみょう》たちに向《む》かって、天皇《てんのう》を大事《だいじ》にすること、関白《かんぱく》の命令《めいれい》ならば、どのようなことでもけっしてそむかないことなどを、心《こころ》からちかわせました。3日目《みっかめ》には和歌《わか》の会《かい》が開《ひら》かれましたが、そのとき、『松《まつ》によせる祝《いわ》い』という題《だい》で、天皇《てんのう》は、次《つぎ》のようなお歌《うた》をおよみになりました。

わきて今日《きょう》　待《ま》つかいあれや　松《まつ》がえの
世々《よよ》のちぎりを　かけてみせつつ

秀吉《ひでよし》のよんだ歌《うた》は、

よろず代《よ》の　君《きみ》がみゆきに　なれなれん
緑木高《みどりこだか》き　のきの玉松《たままつ》

大名《だいみょう》たちも、また天皇《てんのう》のおともをしてきたおおぜいの公家《くげ》たちも、みんなそれぞれお祝《いわ》いの歌《うた》をよみました。

秀吉《ひでよし》は関白《かんぱく》になって、朝廷《ちょうてい》に出入《でい》りし、公家《くげ》たちとおつきあいをするようになってから、熱心《ねっしん》に朝廷《ちょうてい》の儀式《ぎしき》やしきたりについて学《まな》びました。和歌《わか》をよむこともそのひとつで、和歌《わか》の師匠《ししょう》となったのは、細川幽斎《ほそかわゆうさい》という歌《うた》の名人《めいじん》でした。

幽斎《ゆうさい》は細川藤孝《ほそかわふじたか》といって、もと信長《のぶなが》に仕《つか》えていた大名《だいみょう》で、明智光秀《あけちみつひで》とことに仲《なか》がよかったのですが、秀吉《ひでよし》の世《よ》になってからは、秀吉《ひでよし》の手足《てあし》となって手柄《てがら》を立《た》て、重《おも》く用《もち》いられていました。しかも和歌《わか》の道《みち》では、朝廷《ちょうてい》の公家《くげ》たちにも負《ま》けないすぐれた人《ひと》として、広《ひろ》く名《な》を知《し》られていました。その幽斎《ゆうさい》について熱心《ねっしん》に勉強《べんきょう》したので、秀吉《ひでよし》も、このようなすぐれた和歌《わか》をよむことができるようになったのです。

秀吉《ひでよし》は、もともと連歌《れんが》がすきでした。連歌《れんが》は和歌《わか》とちがって、ほかの人《ひと》といっしょにひとつの歌《うた》をつくる遊《あそ》びですから、ずっとおもしろいのです。秀吉《ひでよし》はわざとふざけた、むずかしい題《だい》を出《だ》して、相手《あいて》をこまらせることがすきでした。

あるとき、秀吉《ひでよし》がこんな題《だい》を出《だ》したことがあります。

立《た》つも立《た》たれず　いるもいられず

これは、立《た》つにも立《た》てない、すわってもいられない、という意味《いみ》ですが、ひとつの歌《うた》の下《しも》の句《く》にあたります。相手《あいて》の人《ひと》は、その下《しも》の句《く》にちょうど合《あ》うような上《かみ》の句《く》をよまなければならないのです。

相手《あいて》になっていたのは里村紹巴《さとむらじょうは》です。光秀《みつひで》と仲《なか》がよかったので、山崎《やまざき》のいくさのあとで、光秀《みつひで》のたくらみがまえにわかっていたのではないかと、秀吉《ひでよし》からうたがいをかけられた連歌師《れんがし》です。紹巴《じょうは》は、さっそく上《かみ》の句《く》をつけました。

足《あし》の裏《うら》　しりのとがりに　ものできて

はれものが、足《あし》の裏《うら》やおしりにできたのでは、なるほどいたくて、立《た》つにも立《た》てないし、すわってもいられないわけです。けれども、歌《うた》の中《なか》に、おしりのできものなどをよんだのでは、あまり上品《じょうひん》とはいえません。すると、そばにいた細川幽斎《ほそかわゆうさい》が、今度《こんど》は、べつに、

羽《は》ぬけ鳥《どり》　つるなき弓《ゆみ》に　おどろきて

という上《かみ》の句《く》をつけました。これは、羽《はね》のぬけた鳥《とり》が、つるをはってない弓《ゆみ》を見《み》て、おどろいて、とびたとうとする。しかし、羽《はね》がないので、とびたつことができない、ということです。

まわりにいた人《ひと》たちは、このふたりの句《く》をくらべて、幽斎《ゆうさい》のつけた句《く》のほうがずっとりっぱだと、ほめたたえました。

またある日《ひ》、秀吉《ひでよし》は幽斎《ゆうさい》をこまらせてやろうと思《おも》って、こんなふざけた題《だい》を出《だ》して、これに下《しも》の句《く》をつけてみよ、と言《い》いました。それは、

奥山《おくやま》に　もみじふみわけ　鳴《な》くほたる

という句《く》です。これは、百人一首《ひゃくにんいっしゅ》の中《なか》にある、

奥山《おくやま》に　もみじふみわけ　鳴《な》く鹿《しか》の
　声聞《こえき》くときぞ　秋《あき》は悲《かな》しき

という有名《ゆうめい》な歌《うた》を、わざと「鹿《しか》」を「ほたる」にかえてしまったのです。もみじをふ

みわけて、ほたるが鳴《な》く、などとは、ずいぶんおかしなことです。

幽斎《ゆうさい》も、これにはびっくりしてしまいましたが、なにしろ歌《うた》の名人《めいじん》です。「これでは、とても歌《うた》になりません。」と、頭《あたま》を下《さ》げてしまうわけにはいきません。しばらく考《かんが》えていましたが、やがて、筆《ふで》をとって、すらすらと、次《つぎ》のような下《しも》の句《く》をつけて、秀吉《ひでよし》の前《まえ》にさしだしました。見《み》ると、

しかとも見《み》えぬ　夜《よる》のともしび

と書《か》いてあります。もとの歌《うた》の「しか」をそのまま使《つか》って、「しかとも見《み》えぬ」つまり、はっきりとは見《み》えないけれども、ちょうど、ほたるの火《ひ》のように、夜《よる》のともしびがちらちらと光《ひか》っている、という意味《いみ》です。秀吉《ひでよし》も、さすがに幽斎《ゆうさい》だと感心《かんしん》しました。

秀吉《ひでよし》は、また狂歌《きょうか》をつくるのもすきでした。狂歌《きょうか》というのは、和歌《わか》の形《かたち》をしてはいますが、物《もの》の道理《どうり》や世間《せけん》を風刺《ふうし》したりして、おもしろくまとめた歌《うた》です。

それについて、こんな話《はなし》があります。

ある日《ひ》、秀吉《ひでよし》が、そばに仕《つか》えている小姓《こしょう》に用事《ようじ》を言《い》いつけました。ところがその小姓《こしょう》は、ほかの仕事《しごと》があったので、言《い》いつけられたことをすっかりわすれてしまいました。秀吉《ひでよし》はおこって、いきなりそばにあったつえをとって、その小姓《こしょう》をたたこうとしました。小姓《こしょう》がにげだしたので、秀吉《ひでよし》はあとを追《お》いかけました。小姓《こしょう》は頭《あたま》をかかえて、にげながら、

「どうぞおゆるしください。殿《との》さまも、わたくしも、同《おな》じ人間《にんげん》でございます。ただ、わたくしはまだ年《とし》がわかくて、ゆきとどかないだけです。それに、今日《きょう》のことは今日《きょう》、明日《あした》はどうなるかもわからない世《よ》の中《なか》です。そんなに、わたくしをおせめにならないでください。」

と、悲《かな》しそうにうったえました。それを聞《き》いて、秀吉《ひでよし》は、なるほどもっともだ、と思《おも》いなおしました。ささいなことで、はらを立《た》てたのが、はずかしくなったのでしょう。

世《よ》の中《なか》は　今日《きょう》ばかりこそ　悲《かな》しけれ

昨日《きのう》はすぎつ　明日《あす》は知《し》られず

と、小《ちい》さな声《こえ》でつぶやきながら、おくへかけこんでいったということです。世《よ》の中《なか》はすべて、今日《きょう》のことしかたよりにならない。悲《かな》しいことだ。昨日《きのう》のことはすぎてしまったことだし、明日《あした》はどうなることかわからないのだ。さすがの関白秀吉《かんぱくひでよし》も、ふとそんなことを思《おも》うと、世《よ》の中《なか》が暗《くら》く見《み》えてしまったことでしょう。

小田原《おだわら》ぜめ

都《みやこ》の町《まち》の人《ひと》びとを平和《へいわ》の喜《よろこ》びにひたした北野《きたの》の大茶《おおちゃ》の湯《ゆ》も、また聚楽第《じゅらくだい》の行幸《ぎょうこう》も、秀吉《ひでよし》にとっては、まえの九州《きゅうしゅう》のいくさから、次《つぎ》の大《おお》がかりないくさにうつるための、ひと休《やす》みのくつろぎにすぎませんでした。

けわしい箱根《はこね》の山《やま》をひかえた小田原《おだわら》に城《しろ》をかまえて、広《ひろ》い関東《かんとう》の国々《くにぐに》をおさめていた北条氏政《ほうじょううじまさ》と、その子《こ》の氏直《うじなお》は、秀吉《ひでよし》から、たびたび降参《こうさん》をすすめる手紙《てがみ》を受《う》けとりましたが、それにしたがおうとはしませんでした。かえって、城《しろ》をかため、大砲《たいほう》をつくらせ、また、村々《むらむら》からおおぜいの若者《わかもの》たちをかり集《あつ》めて、秀吉《ひでよし》がせめてきたら、たたかう用意《ようい》をしていたのです。

いくら強《つよ》い秀吉《ひでよし》の軍勢《ぐんぜい》でも、遠《とお》くから旅《たび》をつづけて、せめよせてくるのだから、食《しょく》糧《りょう》もつづかないだろう。おそれることはない、と考《かんが》えていたのです。

秀吉《ひでよし》は大名《だいみょう》たちの軍勢《ぐんぜい》を集《あつ》めて、20万人《まんにん》の大軍《たいぐん》で、小田原城《おだわらじょう》にせまりました。東海《とうかい》道《どう》の国々《くにぐに》に大《おお》きな勢《いきお》いをほこっていた徳川家康《とくがわいえやす》が、先頭《せんとう》に立《た》っていました。陸《りく》ばかりではありません。海《うみ》の上《うえ》にも、兵隊《へいたい》や武器《ぶき》・食糧《しょくりょう》をのせた、たくさんの船《ふね》が、あとからあとから、小田原《おだわら》を目指《めざ》して進《すす》んでいました。

秀吉《ひでよし》は、敵《てき》がこの城《しろ》に立《た》てこもる用意《ようい》をじゅうぶんにととのえているのを知《し》って、むだな城《しろ》ぜめをすることをやめ、まず北条《ほうじょう》の家来《けらい》が、あちこちにかまえている小《ちい》さな城《しろ》を、つぎつぎにせめおとしてしまいました。そしてそのあと、たくさんの軍勢《ぐんぜい》で小《お》田原《だわら》の城《しろ》を厳重《げんじゅう》にとりかこみました。

また、城《しろ》を見《み》おろす山《やま》の上《うえ》に石垣《いしがき》をきずいて、りっぱなとりでをつくり、そこに本《ほん》陣《じん》をかまえて、指図《さしず》をすることにしました。このとりでは石垣山城《いしがきやまじょう》とよばれ、秀吉《ひでよし》が一晩《ひとばん》のうちにつくらせたというので、一夜城《いちやじょう》の名《な》がのこっています。こうして、どんなに長《なが》くかかってもよい、城《しろ》の中《なか》の敵《てき》と、根《こん》くらべをするつもりだったのです。

しかし、いくさもしないで、陣中《じんちゅう》でむだに月日《つきひ》を送《おく》っていると、たいくつになり、家《いえ》に帰《かえ》りたくなります。秀吉《ひでよし》はそこで、家来《けらい》の大名《だいみょう》やさむらいたちに、奥方《おくがた》をまねいてもよい、という命令《めいれい》を出《だ》しました。

また、商人《しょうにん》たちを集《あつ》めて店《みせ》を開《ひら》かせ、なんでもほしいものは手《て》に入《はい》るようにしました。芸人《げいにん》なども集《あつ》まってきました。ふだんと同《おな》じように、思《おも》うままに楽《たの》しく遊《あそ》ぶこともできます。これでは、いくさに来《き》ていることなどはわすれてしまいそうです。秀吉《ひでよし》も能《のう》を見《み》たり、茶《ちゃ》の湯《ゆ》の会《かい》をもよおしたりして、ゆっくりくつろいでいました。

こんなに苦《くる》しめたのだから、もう近《ちか》いうちに、城《しろ》から降参《こうさん》を申《もう》しでてくるにちがいない。秀吉《ひでよし》をはじめ、大名《だいみょう》たちから家来《けらい》の武士《ぶし》たちまで、それを待《ま》っていたとき、伊《だ》達政宗《てまさむね》が家来《けらい》をつれて、秀吉《ひでよし》の陣《じん》に姿《すがた》を見《み》せました。政宗《まさむね》は、東北地方《とうほくちほう》で大《おお》きな勢《いきお》いをもっていて、これまで、秀吉《ひでよし》にはしたがおうとしなかったのですが、もし小田原城《おだわらじょう》の北条氏《ほうじょうし》がほろぼされてしまえば、その次《つぎ》には、きっと自分《じぶん》がせめられるにちがいないと思《おも》ったので、頭《あたま》を下《さ》げてきたのです。

「陸奥《むつ》の国《くに》は遠《とお》いし、せめていくのは楽《らく》ではない。ところが、どうだ。政宗《まさむね》のほうから頭《あたま》を下《さ》げてきたのだから、こんなめでたいことはない。」

「関白《かんぱく》どのも、さぞおよろこびになることだろう。」

大名《だいみょう》たちは、口々《くちぐち》にこんなうわさをしていました。ところが秀吉《ひでよし》は、政宗《まさむね》がお目通《めどお》りにきたと聞《き》いても、ぷりぷりおこって、なかなか会《あ》おうとはしませんでした。

「いまごろになって来《く》るとは、なんということだ。きっと小田原城《おだわらじょう》が落《お》ちるかどうか、ようすを見《み》ていたにちがいない。城《しろ》がとてももちこたえられないと知《し》ったので、これはたいへんだ、次《つぎ》は、自分《じぶん》がせめられる番《ばん》だと思《おも》って、頭《あたま》を下《さ》げてきたのだろう。ただうわべだけ、わしにしたがうつもりならば、会《あ》いたくはない。早《はや》く国《くに》もとへ帰《かえ》って、いくさの用意《ようい》をして待《ま》っているがよい、とつたえよ。」

秀吉《ひでよし》は、取《と》り次《つ》ぎの武士《ぶし》にきっぱりと、そう言《い》いました。しかし政宗《まさむね》は、心《こころ》から秀《ひで》吉《よし》にしたがうことをちかったので、その次《つぎ》の日《ひ》になって、ようやく秀吉《ひでよし》の前《まえ》に出《で》ることをゆるされました。ていねいなあいさつをすませて、政宗《まさむね》が立《た》ちさろうとしたとき、秀吉《ひでよし》は、その後《うし》ろから声《こえ》をかけました。

「はるばる遠《とお》いところから出《で》てきたのだから、城《しろ》ぜめのようすをよく見《み》せてやろう。あとについてくるがよい。」

秀吉《ひでよし》は、上《じょう》きげんで、先《さき》に立《た》って山道《やまみち》をのぼっていきました。山《やま》の上《うえ》に立《た》って、見《み》おろすと、城《しろ》が一目《ひとめ》に見《み》えます。その城《しろ》を十重《とえ》二十重《はたえ》にとりかこんで、色《いろ》とりどりの旗《はた》や指《さ》し物《もの》・馬印《うまじるし》が、あちこちの味方《みかた》の陣《じん》をはっきりとえがきだしています。

「政宗《まさむね》。おまえはいなか育《そだ》ちで、小《こ》ぜりあいはいつも見《み》ているだろうが、このような大《おお》がかりな城《しろ》ぜめは見《み》たことがないだろう。よく見《み》ておけ。もし、敵《てき》があの門《もん》から打《う》ってでたときには、あそこの陣《じん》の者《もの》が食《く》いとめるのだ。そして、向《む》こうの森《もり》かげにいる陣《じん》の軍勢《ぐんぜい》がこちらにまわって、その敵《てき》をふいうちするのだ。このような大《おお》がかりな城《しろ》ぜめのやり方《かた》を、よくおぼえておくがよい。そして、のちにいくさをするときの手本《てほん》にするがよい。」

秀吉《ひでよし》は、あちらこちらを指《ゆび》さして、政宗《まさむね》にいくさのやり方《かた》をくわしく教《おし》えたのです。このとき秀吉《ひでよし》は、自分《じぶん》の刀《かたな》を政宗《まさむね》に持《も》たせたまま、平気《へいき》で山《やま》の上《うえ》を案内《あんない》して歩《ある》きまわりました。もし政宗《まさむね》がその刀《かたな》をぬいて、後《うし》ろから切《き》りつけようと思《おも》えば、できたかもしれません。

けれども、この大胆《だいたん》なふるまいに、年《とし》わかい政宗《まさむね》は、かえって秀吉《ひでよし》がこわくなってしまいました。そして頭《あたま》を下《さ》げ、小《ちい》さくなって秀吉《ひでよし》のあとについていったのでした。

こうして小田原《おだわら》の城《しろ》は、やがて秀吉《ひでよし》の手《て》に落《お》ちました。これまではげしく手向《てむ》かいをつづけていた北条氏政《ほうじょううじまさ》の親子《おやこ》が、降参《こうさん》を申《もう》しでたのです。秀吉《ひでよし》は、氏政《うじまさ》とその弟《おとうと》にはらを切《き》らせました。子《こ》の氏直《うじなお》は徳川家康《とくがわいえやす》の娘《むすめ》の夫《おっと》だったので、命《いのち》だけは助《たす》けられ、高野山《こうやさん》のお寺《てら》に送《おく》られました。

秀吉《ひでよし》はこのいくさのあと、遠《とお》く会津《あいづ》（福島県西部《ふくしまけんせいぶ》）まで行《い》って、東北地方《とうほくちほう》の大名《だいみょう》たちの領地《りょうち》をはっきりと決《き》め、まだ秀吉《ひでよし》にしたがおうとしない大名《だいみょう》からは、領地《りょうち》をとりあげてしまいました。

なお、これまで北条氏《ほうじょうし》がおさめていた関東地方《かんとうちほう》の国々《くにぐに》は、このあと、徳川家康《とくがわいえやす》がおさめることになりました。家康《いえやす》は、江戸《えど》の城《しろ》を根城《ねじろ》にすることに決《き》めました。この江《え》戸《ど》が、のちに東京《とうきょう》になるのです。

小田原《おだわら》ぜめのときに、秀吉《ひでよし》がはじめて富士山《ふじさん》を見《み》て、よんだ歌《うた》があります。

都《みやこ》にて　聞《き》きしはことの　数《かず》ならで

雲居《くもい》に高《たか》き　不二《ふじ》のねの雪《ゆき》

富士山《ふじさん》のことは都《みやこ》では聞《き》いていたけれども、来《き》てみると、なんとまあ、りっぱな山《やま》だろう。雪《ゆき》におおわれ、雲《くも》にそびえているその姿《すがた》は、なんとも言《い》えない、という意味《いみ》です。

富士山《ふじさん》に近《ちか》く、海《うみ》にのぞんで景色《けしき》がよいので、昔《むかし》から名高《なだか》い清見《きよみ》ヶ関《がせき》というところがあります。秀吉《ひでよし》は京都《きょうと》にもどっていくとき、この清見《きよみ》ヶ関《がせき》で、次《つぎ》のような歌《うた》をよみました。

清見潟《きよみがた》　花《はな》の春《はる》こし　かえるさは
　波《なみ》の関《せき》もる　もみじをぞ見《み》る

小田原《おだわら》ぜめに向《む》かうとき、ここを通《とお》ったのは、花《はな》のさかりのころだった、いまはもどるところだが、もうすっかり秋景色《あきげしき》で、もみじが美《うつく》しい。――そのもみじをながめながら、秀吉《ひでよし》は、山崎《やまざき》のいくさから8年《ねん》、ようやく日本中《にほんじゅう》のすべての国々《くにぐに》をひとつにまとめることのできた喜《よろこ》びに、胸《むね》がいっぱいだったことでしょう。

4 醍醐《だいご》の花見《はなみ》

太閤《たいこう》さま

秀吉《ひでよし》は、こうして国々《くにぐに》のすべての大名《だいみょう》たちをしたがえて、いわば、日本全体《にっぽんぜんたい》をおさめる王《おう》さまになったわけです。

大名《だいみょう》たちは、秀吉《ひでよし》が決《き》めた領地《りょうち》に城《しろ》をかまえ、おおぜいの家来《けらい》や武士《ぶし》たちをかかえて、その地方《ちほう》の農民《のうみん》たちをおさめ、年貢《ねんぐ》の米《こめ》をとりたてるのです。

ところでこれまでは、日本中《にほんじゅう》がひとつにまとまっていなかったために、地方地方《ちほうちほう》によって、土地《とち》を測《はか》るものさしがまちまちでした。そこで、同《おな》じ何町何反《なんちょうなんたん》という田畑《たはた》の広《ひろ》さでも、ところによってずいぶんちがいがあったのです。秀吉《ひでよし》は、信長《のぶなが》にかわって、その勢《いきお》いを広《ひろ》げていったころから、同《おな》じものさしを使《つか》って、ほうぼうの国々《くにぐに》の田《た》や畑《はたけ》を測《はか》り、土地《とち》のよしあしを調《しら》べて、土地《とち》の台帳《だいちょう》をつくる大《おお》がかりな仕事《しごと》を始《はじ》めました。

そして九州《きゅうしゅう》から東北地方《とうほくちほう》にまで、しだいにその仕事《しごと》をおしすすめていきました。これで土地土地《とちとち》の米《こめ》の取《と》れ高《だか》が明《あき》らかになり、年貢《ねんぐ》をとりたてるための目安《めやす》ができたのです。これを太閤検地《たいこうけんち》といいます。

この検地《けんち》とならんで、農民《のうみん》たちから、刀《かたな》や、槍《やり》・鉄砲《てっぽう》などをとりあげた刀狩《かたなが》りも、秀吉《ひでよし》のした大《おお》きな仕事《しごと》として世《よ》に知《し》られています。これまでは農民《のうみん》とはいっても、武《ぶ》士《し》とあまり身分《みぶん》がちがわず、ときにはいくさにもくわわり、また武士《ぶし》たちを相手《あいて》に一《いっ》揆《き》を起《お》こして、はげしくたたかうことも多《おお》かったのです。この刀狩《かたなが》りの命令《めいれい》は、九州《きゅうしゅう》のいくさから帰《かえ》ったあとで出《だ》したものですが、その命令《めいれい》のなかに、

「農民《のうみん》は、くわやすきを持《も》って、田《た》や畑《はたけ》をたがやすことに力《ちから》を注《そそ》いでさえいれば、子《こ》の代《だい》、孫《まご》の代《だい》まで、長《なが》く平和《へいわ》にくらすことができる。」

と書《か》いてあります。農民《のうみん》の手《て》からすべての武器《ぶき》をとりあげ、武士《ぶし》と農民《のうみん》という身分《みぶん》の

ちがいを、はっきりと決《き》めてしまったのです。

こうして、日本全体《にっぽんぜんたい》を思《おも》うままに動《うご》かすことができるほど、大《おお》きな勢《いきお》いをもつようになった秀吉《ひでよし》にも、どうにもならないことがひとつありました。それはあとつぎのことです。

秀吉《ひでよし》には、50歳《さい》をこしても、あとつぎの子《こ》が生《う》まれなかったのです。大徳寺《だいとくじ》で信長《のぶなが》のお葬式《そうしき》をしたころには、信長《のぶなが》の子《こ》の秀勝《ひでかつ》を養子《ようし》にしていたのですが、その秀勝《ひでかつ》ももう死《し》んでいました。もしこのまま、自分《じぶん》が死《し》んでしまったならば、あとはどうなるだろう、ふとそんなことを考《かんが》えると、さすがの秀吉《ひでよし》も、胸《むね》をしめつけられるような、さびしい気持《きも》ちになるのでした。

ところが小田原《おだわら》のいくさのまえの年《とし》、天正《てんしょう》17（1589）年《ねん》に、はじめて男《おとこ》の子《こ》が生《う》まれました。母親《ははおや》は淀殿《よどどの》とよばれた人《ひと》です。この淀殿《よどどの》は、越前北庄《えちぜんきたのしょう》の城《しろ》が落《お》ちたときに、助《たす》けだされた3人《にん》の娘《むすめ》の、いちばん上《うえ》の姉《あね》です。

はじめて父親《ちちおや》になった秀吉《ひでよし》は、うれしくてたまりません。名《な》は鶴松《つるまつ》（お捨《すて》）とつけました。年《とし》をとってから生《う》まれた子《こ》は、とりわけかわいいものです。大名《だいみょう》たちをふるえあがらせるほどの威勢《いせい》をもった秀吉《ひでよし》も、鶴松《つるまつ》をあやしたり、だいてほおずりをしたりするときは、まるでべつの人《ひと》のようにうれしそうでした。

小田原《おだわら》の陣《じん》にいたときにも、あどけない鶴松《つるまつ》のことが目《め》にうかんで、ねむることもできなかったほどでした。けれども、そのいくさが終《お》わって、大坂《おおざか》にもどったころから、おさない鶴松《つるまつ》は病気《びょうき》にかかってしまいました。

秀吉《ひでよし》は、なんとか鶴松《つるまつ》の命《いのち》を助《たす》けたいと、おおぜいの医者《いしゃ》を集《あつ》め、また神社《じんじゃ》やお寺《てら》にたのんで、おいのりをしてもらったのですが、どうすることもできません。天正《てんしょう》19（1591）年《ねん》の夏《なつ》、とうとう鶴松《つるまつ》は、あの世《よ》へ行《い》ってしまったのです。年《とし》は、まだ三つのかわいいさかりでした。

秀吉《ひでよし》は、まるでてのひらに入《い》れて大事《だいじ》にしていた宝石《ほうせき》をなくしてしまったような気《き》がして、すっかり力《ちから》を落《お》としてしまいました。

秀吉《ひでよし》がまえからなにかにつけて、たよりにしていた弟《おとうと》の秀長《ひでなが》も、同《おな》じ年《とし》の正月《しょうがつ》に死《し》んでいました。いままた、かわいい鶴松《つるまつ》をうしなって、さすがの秀吉《ひでよし》も、広《ひろ》い世界《せかい》にひとりとりのこされたようなさびしさです。

なんとか気《き》をまぎらわせようとして、お寺参《てらまい》りをしたり、有馬《ありま》の温泉《おんせん》に行《い》って日《ひ》をすごしたりしたのですが、どうしても思《おも》いきることができませんでした。

（いつまでも、こんな悲《かな》しみにひたっているわけにはいかない。なんとかしてわすれることだ。そうだ。まえから考《かんが》えていた、新《あたら》しい大《おお》がかりないくさを始《はじ》めれば、この悲《かな》しみをまぎらわすことができるかもしれない。）

秀吉《ひでよし》はそう考《かんが》えました。その新《あたら》しいいくさというのは、日本中《にほんじゅう》の大名《だいみょう》に言《い》いつけて、朝鮮《ちょうせん》へせめこむことだったのです。

その大《おお》がかりないくさを始《はじ》めるために、まず秀吉《ひでよし》は、その年《とし》の12月《がつ》に、おいにあたる秀次《ひでつぐ》をあとつぎにすることに決《き》めました。この秀次《ひでつぐ》は、秀吉《ひでよし》がまだ小《こ》ざるとよばれていたころから、とりわけ秀吉《ひでよし》をかわいがってくれた姉《あね》の子《こ》です。これまで、家来《けらい》の大将《たいしょう》としてはたらいていたのですが、いくさのことよりも学問《がくもん》がすきだという、やさしい人《ひと》でした。気《き》が小《ちい》さすぎる、臆病者《おくびょうもの》だといって、秀吉《ひでよし》にひどくしかられたこともありました。それでも同《おな》じ血筋《ちすじ》を引《ひ》いた者《もの》として、秀吉《ひでよし》のあとつぎになったのです。

秀吉《ひでよし》は、関白《かんぱく》の役《やく》を秀次《ひでつぐ》にゆずって、自分《じぶん》は太閤《たいこう》という名《な》でよばれることになりました。太閤《たいこう》というのは、関白《かんぱく》をやめた人《ひと》ということです。このの ち秀吉《ひでよし》は、太閤《たいこう》さまとよばれるようになります。

こうして国《くに》の中《なか》のことは、すべて関白《かんぱく》の秀次《ひでつぐ》にまかせ、秀吉《ひでよし》は、京都《きょうと》に近《ちか》い伏見《ふしみ》にきずいた大《おお》きな城《しろ》に住《す》み、もっぱら朝鮮《ちょうせん》との戦《たたか》いに力《ちから》を注《そそ》ぐことになりました。

朝鮮《ちょうせん》との戦《たたか》い

「太閤《たいこう》さまは、今度《こんど》いよいよ朝鮮《ちょうせん》へせめいることになったそうだ。そして大名《だいみょう》たちに言《い》いつけて、大《おお》きな船《ふね》をたくさんつくらせたということだ。」

「船《ふね》ばかりではない、たくさんの軍勢《ぐんぜい》や馬《うま》や食糧《しょくりょう》などが、あとからあとから九州《きゅうしゅう》に送《おく》られているそうだ。肥前《ひぜん》の国《くに》の名護屋《なごや》というところに城《しろ》をきずいているという話《はなし》だが、この城《しろ》が太閤《たいこう》さまの本陣《ほんじん》になるらしい。」

「朝鮮《ちょうせん》には、16万人《まんにん》に近《ちか》い大軍《たいぐん》を送《おく》る計画《けいかく》だそうだ。たいしたものだ。」

「せっかく世《よ》の中《なか》がおだやかになったと思《おも》ったのに、またいくさが始《はじ》まるのか。こまったことだ。」

いよいよ朝鮮《ちょうせん》へせめいる大《おお》がかりな計画《けいかく》が実行《じっこう》されるといううわさに、日本中《にほんじゅう》がわきたっていました。武士《ぶし》ばかりではありません。いくさが始《はじ》まれば、町《まち》や村《むら》に住《す》む人《ひと》びとのうえにも、つらい仕事《しごと》がおしつけられ、重《おも》い年貢《ねんぐ》がかかってくるのです。

大名《だいみょう》はいくさで手柄《てがら》を立《た》てれば、領地《りょうち》をふやしてもらえます。また、大名《だいみょう》と力《ちから》を合《あ》わせて、食糧《しょくりょう》や武器《ぶき》、そのほか、いくさのために必要《ひつよう》なものをたくさん集《あつ》めたり、船《ふね》で送《おく》りとどけたりする大《おお》きな商人《しょうにん》たちは、いくさが始《はじ》まれば大《おお》もうけができるでしょう。

しかし、日本《にっぽん》の大部分《だいぶぶん》の人《ひと》にとっては、朝鮮《ちょうせん》を相手《あいて》にいくさをしかけるなどということは、このうえもない迷惑《めいわく》なことだったのです。そのやっかいないくさが、秀吉《ひでよし》の考《かんが》えのひとつで、始《はじ》まってしまったのでした。

天正《てんしょう》20（1592）年《ねん》の3月《がつ》、いよいよ出陣《しゅつじん》の命令《めいれい》が下《くだ》りました。小西行長《こにしゆきなが》のひきいる第《だい》1軍《ぐん》が、まず700隻《せき》の船《ふね》で、海《うみ》をわたって釜山《プサン》の港《みなと》にせまりました。つづいて第《だい》2軍《ぐん》、第《だい》3軍《ぐん》とつぎつぎに、大部隊《だいぶたい》が朝鮮半島《ちょうせんはんとう》の南《みなみ》の海岸《かいがん》に上陸《じょうりく》して、はげしいいくさが始《はじ》まりました。

長《なが》い年月《としつき》、戦国《せんごく》の荒波《あらなみ》にもまれて、いくさになれていた日本軍《にほんぐん》のはげしい攻撃《こうげき》のまえに、朝鮮《ちょうせん》の守《まも》りはもろくもくずれてしまいました。上陸《じょうりく》してからおよそ20日《はつか》ののちには、日本軍《にほんぐん》は、もうソウル（漢城府《かんじょうふ》）を占領《せんりょう》してしまったのです。王《おう》さまは、都《みやこ》をすててにげだしてしまいました。

その勝《か》ちいくさの知《し》らせを、名護屋《なごや》の城《しろ》で受《う》けとった秀吉《ひでよし》は得意《とくい》でした。もともと秀吉《ひでよし》は、明《みん》をしたがえたいという、大《おお》きな夢《ゆめ》をもっていたのですが、朝鮮《ちょうせん》の王《おう》さまが力《ちから》をかそうとしないので、まず朝鮮《ちょうせん》をせめることにしたのです。その朝鮮《ちょうせん》の都《みやこ》をせめ

おとしたというのですから、

（今度《こんど》は明《みん》にせめいることにしよう。明《みん》が降参《こうさん》してしまったら、その次《つぎ》は南《みなみ》のほうに手《て》をのばして、天竺《てんじく》（インド）までせめていこう。）

と、秀吉《ひでよし》の夢《ゆめ》は、まるでシャボン玉《だま》のように大《おお》きくふくれあがっていくのでした。

（日本《にっぽん》はどうもせますぎる。これからは明《みん》の都《みやこ》の北京《ペキン》を都《みやこ》にして、天皇《てんのう》はそこにうつっていただこう。わしは南《みなみ》のほうの寧波《ニンポー》に住《す》んで、全体《ぜんたい》の国《くに》をおさめることにしたい。明《みん》の広《ひろ》い土地《とち》は、それぞれ手柄《てがら》のあった大名《だいみょう》たちに分《わ》けてやる。）

こんな大《おお》きな夢《ゆめ》をえがいて、よろこんでいた秀吉《ひでよし》にも、たえず心《こころ》を苦《くる》しめていることがありました。それは京都《きょうと》の聚楽第《じゅらくだい》で、床《とこ》についている77歳《さい》になる母《はは》のことでした。おさないころから、さんざん苦労《くろう》をかけた母《はは》を、秀吉《ひでよし》はいつも大事《だいじ》にして、なにひとつ不自由《ふじゆう》のないくらしをさせてあげました。

人《ひと》びとは大政所《おおまんどころ》とよんでいましたが、これは関白《かんぱく》の母《はは》ということです。遠《とお》い名護屋《なごや》の陣《じん》に来《き》てから、秀吉《ひでよし》はたびたび手紙《てがみ》を書《か》いて、いくさのもようなどを知《し》らせて、母《はは》をなぐさめました。母《はは》からも、いつも秀吉《ひでよし》の体《からだ》を心配《しんぱい》して、おくりものなどをとどけてきました。

秀吉《ひでよし》は、自分《じぶん》が先《さき》に立《た》って、海《うみ》をこえて朝鮮《ちょうせん》にせめこむつもりでいたのですが、大政所《おおまんどころ》のことを思《おも》うと、どうしても船《ふね》に乗《の》る気《き》になりませんでした。徳川家康《とくがわいえやす》をはじめ、そばに仕《つか》える大名《だいみょう》たちも、秀吉《ひでよし》が朝鮮《ちょうせん》にわたることには賛成《さんせい》しなかったのですが、だれよりも、大政所《おおまんどころ》が熱心《ねっしん》に止《と》めたために、秀吉《ひでよし》はあきらめてしまったのです。

しかし秀吉《ひでよし》の心《こころ》の中《なか》を知《し》らない人《ひと》びとは、朝鮮《ちょうせん》にわたるわたると言《い》いながら、いつまでも船《ふね》を出《だ》そうとしない秀吉《ひでよし》のことをひやかして、

太閤《たいこう》が　一石米《こくまい》を　買《か》いかねて
今日《きょう》も五斗買《とか》い　あすも五斗買《とか》い

という落首《らくしゅ》もできました。「五斗買《とか》い」というのは「ご渡海《とかい》」、つまり海《うみ》をわたるという言葉《ことば》にかけたしゃれです。つまり太閤《たいこう》さまのような方《かた》が、1石《こく》（約《やく》180リットル）のお米《こめ》を一度《いちど》に買《か》うことができないのか、今日《きょう》も5斗《と》（約《やく》90リットル）買《か》い、またあ

すも5斗《と》買《か》いしているというふざけた歌《うた》ですが、その裏《うら》に、たびたび渡海《とかい》になると言《い》いながら、いつまでも実行《じっこう》しないという意味《いみ》がかくされているのです。

ところで、大政所《おおまんどころ》の病気《びょうき》が重《おも》くなったという知《し》らせを受《う》けた秀吉《ひでよし》は、朝鮮《ちょうせん》のいくさのことは家来《けらい》たちにまかせ、せめて死《し》に目《め》に会《あ》いたいものだと思《おも》って、急《いそ》いで京都《きょうと》にもどってきました。けれども、まにあいませんでした。大政所《おおまんどころ》が死《し》んでしまったことを知《し》った秀吉《ひでよし》は、悲《かな》しみのあまり、しばらくのあいだは気《き》をうしなってしまったほどでした。

まえに、おさない鶴松《つるまつ》をうしなった悲《かな》しみのなみだのまだかわかないうちに、母《はは》に死《し》にわかれた秀吉《ひでよし》のなげきは、ひと通《とお》りではなかったのです。

のちに秀吉《ひでよし》は死《し》んだ大政所《おおまんどころ》のたましいをなぐさめるために、高野山《こうやさん》に青巌寺《せいがんじ》というお寺《てら》をたてました。このお寺《てら》で大《おお》がかりな法事《ほうじ》が行《おこな》われたとき、秀吉《ひでよし》が仏《ほとけ》さまにさしあげた歌《うた》があります。

亡《な》き人《ひと》の　かたみの髪《かみ》を　手《て》にふれて

つつむにあまる　なみだ悲《かな》しも

亡《な》くなった母上《ははうえ》の、形見《かたみ》の髪《かみ》の毛《け》を手《て》にして、あふれるなみだにむせんでおります、という悲《かな》しい歌《うた》です。

けれども、悲《かな》しいことが重《かさ》なったあとに、思《おも》いがけない喜《よろこ》びがやってきました。それは、母《はは》の大政所《おおまんどころ》が死《し》んだ次《つぎ》の年《とし》に、淀殿《よどどの》にまた男《おとこ》の子《こ》が生《う》まれたことです。秀吉《ひでよし》は、もう年《とし》をとって子《こ》どもはできないものとあきらめて、あとつぎまで決《き》めていたのでしたが、太《ふと》った、元気《げんき》な子《こ》が生《う》まれたので、すっかりよろこんでしまいました。この子《こ》がお拾《ひろい》（のちの秀頼《ひでより》）です。

朝鮮《ちょうせん》のいくさは、最初《さいしょ》のうちは、秀吉《ひでよし》の軍隊《ぐんたい》が圧倒的《あっとうてき》に勝《か》っていたものの、思《おも》いのほか長引《ながび》いていました。名護屋《なごや》の陣《じん》では、秀吉《ひでよし》をはじめ、大名《だいみょう》たちが海《うみ》の向《む》こうにはるかにかすむ朝鮮《ちょうせん》の空《そら》をながめて、日《ひ》を送《おく》っていました。

そのころ秀吉《ひでよし》は、たびたび茶《ちゃ》の湯《ゆ》の会《かい》を開《ひら》いて、大名《だいみょう》たちと、静《しず》かなひとときをすごしました。大坂城《おおざかじょう》にあった、あのりっぱな金《きん》の茶室《ちゃしつ》も、遠《とお》くこの名護屋《なごや》まで運《はこ》ばれていました。

静《しず》かに茶釜《ちゃがま》のお湯《ゆ》のたぎる音《おと》を聞《き》いていると、秀吉《ひでよし》は、ふと千利休《せんのりきゅう》のことを思《おも》いだすのでした。京都《きょうと》の御所《ごしょ》で、はじめて天皇《てんのう》をおまねきして開《ひら》いた茶《ちゃ》の湯《ゆ》のとき、北野《きたの》の大茶《おおちゃ》の湯《ゆ》のとき、また小田原《おだわら》の陣《じん》でも、お気《き》に入《い》りの利休《りきゅう》は、いつも秀吉《ひでよし》のそばにいました。利休《りきゅう》ほど、りっぱな茶人《ちゃじん》はいません。しかしその利休《りきゅう》は、もうあの世《よ》に行《い》ってしまったのです。

「利休《りきゅう》は、わしが殺《ころ》してしまったのだ。なんという、とりかえしのつかないことをしてしまったのだろう。」

秀吉《ひでよし》は、つまらないことにはらを立《た》てて、利休《りきゅう》を殺《ころ》してしまったことを心《こころ》からくやむのでした。

それは小田原《おだわら》のいくさが終《お》わって、京都《きょうと》へもどったあとのことです。秀吉《ひでよし》から、かわいがられているだけに、かねてわがままなふるまいの多《おお》かった利休《りきゅう》が、自分《じぶん》の姿《すがた》を

きざんだ木像《もくぞう》を京都《きょうと》の大徳寺《だいとくじ》の山門《さんもん》にかざった、と聞《き》いた秀吉《ひでよし》は、まっ赤《か》になってお
こりました。

「大徳寺《だいとくじ》の山門《さんもん》の下《した》は、わしも通《とお》る。とうとい方《かた》がたもお通《とお》りになる。その頭《あたま》の上《うえ》に、つえをついて、ぞうりをはいた木像《もくぞう》をかざるなどとは、もってのほかのことだ。わがままがすぎる。」

そしてすぐに利休《りきゅう》をつかまえて、はらを切《き》らせてしまったのです。そのときに、大《おお》政所《まんどころ》にお願《ねが》いして、命《いのち》だけは助《たす》けてもらうよう、秀吉《ひでよし》に言《い》っていただきなさい、とすすめる人《ひと》もありましたが、利休《りきゅう》も、度胸《どきょう》のすわった堺《さかい》の町人《ちょうにん》です。

「わたくしは日本一《にほんいち》の茶人《ちゃじん》です。命《いのち》などおしくはありません。女《おんな》の方《かた》にたのんで、命《いのち》ごいをしてもらったなどとなれば、わたくしの名折《なお》れになります。たとえ、首《くび》を切《き》られてもしかたありません。」

と言《い》って、ことわってしまったのです。

秀吉《ひでよし》は、はらが立《た》ってしかたがありません。山門《さんもん》からその木像《もくぞう》を引《ひ》きずりおろした

だけでは気《き》がすまず、まるで罪人《ざいにん》のように、その木像《もくぞう》を橋《はし》のたもとで、はりつけにしてさらしものにしたほどでした。

思《おも》いだしてみると、利休《りきゅう》ほどのりっぱな茶《ちゃ》の湯《ゆ》の師匠《ししょう》はほかにいません。秀吉《ひでよし》は、あのとき、はら立《だ》ちまぎれに利休《りきゅう》を殺《ころ》してしまったことを、心《こころ》から後悔《こうかい》するのでした。

名護屋《なごや》の陣《じん》では、能《のう》の会《かい》もたびたび開《ひら》かれました。秀吉《ひでよし》は京都《きょうと》から来《き》た能《のう》の師匠《ししょう》について、能《のう》を習《なら》いはじめました。

「太閤《たいこう》さまもいい年《とし》をして、子《こ》どもみたいに舞《まい》など習《なら》っている。」

と、かげでわらう人《ひと》たちもいましたが、秀吉《ひでよし》は真面目《まじめ》でした。熱心《ねっしん》に練習《れんしゅう》をつづけたので、なかなかじょうずに舞《ま》うことができるようになりました。衣装《いしょう》をつけて、舞台《ぶたい》に立《た》って、みごとな舞《まい》を見《み》せたときには、かげ口《ぐち》を言《い》っていた大名《だいみょう》たちもおどろいてしまいました。

毎日《まいにち》、茶《ちゃ》の湯《ゆ》や能《のう》ばかりでもあきてしまいます。たまには、かわったおもしろいことをしようと、夏《なつ》のある日《ひ》、秀吉《ひでよし》は大名《だいみょう》たちと、仮装遊《かそうあそ》びを始《はじ》めました。

ひろびろとした瓜《うり》の畑《はたけ》のあちこちに、小屋《こや》がたてられました。瓜《うり》を売《う》る店《みせ》、旅人《たびびと》が足《あし》を休《やす》める茶店《ちゃみせ》や、宿屋《やどや》など、のれんを下《さ》げたり、看板《かんばん》をかけたり、旗《はた》を立《た》てたりして、まるでほんとうの店《みせ》みたいです。茶店《ちゃみせ》では店先《みせさき》に縁台《えんだい》を出《だ》して、前《まえ》かけをかけた主人《しゅじん》が、女中《じょちゅう》といっしょになって、

「お茶《ちゃ》を召《め》しあがれ。温《あたた》かいおまんじゅうもあります。あま酒《ざけ》もございます。」

と、通《とお》りすがりの人《ひと》びとをよびとめています。店《みせ》の前《まえ》には、旅人《たびびと》や虚無僧《こむそう》［1］・物売《ものう》り・猿《さる》まわしなどが、あとからあとから、歩《ある》いていきます。向《む》こうから、黒《くろ》いずきんをかぶり、柿色《かきいろ》のかたびらをつけ、すげがさを肩《かた》にした男《おとこ》が、おいしそうな瓜《うり》をいっぱいかごに入《い》れ、てんびん棒《ぼう》でかついで、大《おお》きな声《こえ》で、

［1］深《ふか》い編《あ》みがさをかぶり、尺八《しゃくはち》をふいて、人《ひと》びとに、お米《こめ》やお金《かね》をあたえてくれるよう求《もと》めながら、諸国《しょこく》を歩《ある》きまわる修行《しゅぎょう》をしている仏教僧《ぶっきょうそう》。

「瓜《うり》はいかが、おいしい瓜《うり》。」

と声《こえ》を上《あ》げながらやってきました。

「ごらんなさい。あの瓜売《うりう》りは太閤《たいこう》さまですぞ。あの姿《すがた》といい、身《み》ぶりといい、まるで本物《ほんもの》そっくりじゃ。」

見《み》ていた人《ひと》びとが、口々《くちぐち》にほめそやすので、秀吉《ひでよし》もすっかりごきげんです。そばを通《とお》りかかったお坊《ぼう》さんが、手《て》を合《あ》わせて、

「瓜《うり》をひとつ、めぐんでくださらぬか。」

とたのみました。このお坊《ぼう》さんは、織田有楽斎《おだうらくさい》といって、信長《のぶなが》の弟《おとうと》にあたる人《ひと》の仮装《かそう》でした。秀吉《ひでよし》の瓜売《うりう》りは、荷《に》をおろして、瓜《うり》をふたつとって、お坊《ぼう》さんにわたしました。すると、お坊《ぼう》さんは、

「これは、よくじゅくしておりませんな。もっとよいのとかえてほしい。」

と言《い》って、とりかえてもらいました。

そこへまた、会津《あいづ》の大名《だいみょう》の蒲生氏郷《がもううじさと》が、お茶《ちゃ》を売《う》って歩《ある》く年寄《としよ》りの姿《すがた》であらわれま

した。肩《かた》にかついだ荷《に》の上《うえ》で、茶釜《ちゃがま》が湯気《ゆげ》を立《た》てていたぎっています。

「茶《ちゃ》をめしあがれ。」

「一服《いっぷく》いただこうか。」

氏郷《うじさと》はさっそくお茶《ちゃ》をたてて、瓜売《うりう》りの秀吉《ひでよし》にすすめました。そして、秀吉《ひでよし》がお茶《ちゃ》を飲《の》んでしまったところで、氏郷《うじさと》は、お茶代《ちゃだい》をたくさんいただきたいと言《い》いました。

「ずいぶん高《たか》いお茶《ちゃ》ではないか。」

「これは、上等《じょうとう》のお茶《ちゃ》でございますから、値段《ねだん》のほうも、ぐっと高《たか》くなっております。」

秀吉《ひでよし》も、わらいながら、財布《さいふ》をとりだして、お金《かね》をわたしました。秀吉《ひでよし》も大名《だいみょう》たちも、ふだん町《まち》で見《み》かける商人《しょうにん》や旅人《たびびと》の身《み》なりやしぐさ、商《あきな》いのようすなどを、こんなふうにまねて遊《あそ》ぶことが、楽《たの》しくてたまらなかったのです。

徳川家康《とくがわいえやす》も、瓜売《うりう》りになりました。織田信雄《おだのぶかつ》は、小僧《こぞう》をつれて旅《たび》をして歩《ある》くお坊《ぼう》さんの姿《すがた》をしていましたが、その仮装《かそう》も、しぐさも、あまりじょうずでないので、

「あれではまるで、へびが衣《ころも》を着《き》て歩《ある》いているようだ。」

と、悪口《わるくち》を言《い》う人《ひと》もいました。それに引《ひ》きかえ、重《おも》い笈《おい》（物《もの》を入《い》れて、背負《せお》う箱《はこ》）を背《せ》負《お》って、つかれきったようすで、足《あし》を引《ひ》きずり、

「どこかに宿《やど》はござらぬか。宿《やど》は……。」

と、あわれな声《こえ》でたずねまわっているまずしいお坊《ぼう》さんが、なかなかの評判《ひょうばん》になりました。それは、もとは柴田勝家《しばたかついえ》の家来《けらい》で、いまでは秀吉《ひでよし》に重《おも》く用《もち》いられ、加賀《かが》の国《くに》（石川県南部《いしかわけんなんぶ》）をおさめている前田利家《まえだとしいえ》の仮装《かそう》でした。

こうして人《ひと》びとは、茶店《ちゃみせ》に腰《こし》をおろして、あま酒《ざけ》を飲《の》んだり、おまんじゅうを食《た》べたり、また宿屋《やどや》の店先《みせさき》でお酒《さけ》を飲《の》んだりして、一日《いちにち》を楽《たの》しくすごしました。

名護屋《なごや》の陣《じん》の大名《だいみょう》たちは、こんなのんびりとした日《ひ》を送《おく》っていましたが、海《うみ》の向《む》こうの朝鮮《ちょうせん》では、日本《にっぽん》の軍勢《ぐんぜい》の旗色《はたいろ》が日《ひ》ましに悪《わる》くなっていました。

朝鮮《ちょうせん》へわたった小西行長《こにしゆきなが》や加藤清正《かとうきよまさ》などの軍勢《ぐんぜい》は、はじめのうちこそ、はなばなし

い手柄《てがら》を立《た》てて、半島《はんとう》の北《きた》の果《は》てまでせめいりましたが、その勝《か》ちいくさも、長《なが》くはつづきませんでした。領地《りょうち》を広《ひろ》げるためにいくさをしかけてきた、乱暴《らんぼう》な日本人《にほんじん》を追《お》いはらおうとして、朝鮮《ちょうせん》の人《ひと》びとが立《た》ちあがり、はげしく反撃《はんげき》してきたからです。さらには、明《みん》も、朝鮮《ちょうせん》を助《たす》けるために軍《ぐん》を送《おく》ってきました。

いくさが長引《ながび》くにつれて、武士《ぶし》たちもつかれてきます。なにしろ広《ひろ》い国《くに》ですから、あちこちにおかれた陣《じん》に、たくさんの食糧《しょくりょう》や着《き》るものを送《おく》りとどけるのも、たやすいことではありません。

「いつまで、こんなむだないくさがつづくのだろう。早《はや》く日本《にっぽん》にもどりたい。」

「寒《さむ》さはきびしいし、食《た》べるものもろくにない、水《みず》さえ悪《わる》くて、飲《の》むこともできない。病気《びょうき》になって死《し》んでしまった者《もの》も少《すく》なくない。これでは、まるで地獄《じごく》に放《ほう》りこまれたようなものだ。こんなところから、早《はや》くにげだしたいものだ。」

武士《ぶし》たちの間《あいだ》に、こんな気持《きも》ちが広《ひろ》がっていっては、上《うえ》に立《た》つ大名《だいみょう》たちも、どうすることもできません。しかたなく、軍勢《ぐんぜい》をまとめて、あとへあとへと退却《たいきゃく》して、おしまいには、ソウルからも引《ひ》きあげました。

そのころ、小西行長《こにしゆきなが》は、朝鮮《ちょうせん》の後《うし》ろだてになっていた明《みん》と相談《そうだん》して、いくさを終《お》わらせようとしていました。

名護屋《なごや》の陣《じん》でいくさの指図《さしず》をしていた秀吉《ひでよし》も、明《みん》を相手《あいて》に仲直《なかなお》りをすることには賛《さん》成《せい》でした。けれども秀吉《ひでよし》は、あくまでいくさは日本《にっぽん》の大勝利《だいしょうり》に終《お》わったという形《かたち》にしたかったので、明《みん》の皇帝《こうてい》の娘《むすめ》を天皇《てんのう》のおそばに仕《つか》えさせてほしいとか、日本《にっぽん》と明《みん》との間《あいだ》に、元《もと》のように貿易《ぼうえき》を開《ひら》くことにしようとか、また、朝鮮半島《ちょうせんはんとう》の南《みなみ》の半分《はんぶん》を日本《にっぽん》にゆずりわたしてもらいたいなどと、いろいろ日本《にっぽん》にとって都合《つごう》のよい要求《ようきゅう》をしたのです。けれども、明《みん》がそんな要求《ようきゅう》を聞《き》くはずはありません。

明《みん》では、秀吉《ひでよし》が、ひとつには、自分《じぶん》の名前《なまえ》を海《うみ》の向《む》こうの国々《くにぐに》にまで広《ひろ》めようとして、こんな大《おお》がかりないくさを起《お》こしたことを知《し》っていました。そこで明《みん》の皇帝《こうてい》から、秀吉《ひでよし》を日本《にっぽん》の国《くに》の王《おう》さまにしてやる、という書《か》きつけをわたしてやれば、それで満足《まんぞく》するにちがいない、と思《おも》っていたのです。

さて、明《みん》から送《おく》られてきた使《つか》いをむかえて、大坂城《おおざかじょう》で仲直《なかなお》りの会議《かいぎ》が開《ひら》かれました。使《つか》いがとどけてきた明《みん》の国書《こくしょ》（皇帝《こうてい》からの手紙《てがみ》）を広《ひろ》げてみた秀吉《ひでよし》は、みるみるまっ赤《か》になっておこりだしました。

その手紙《てがみ》には、

「なんじを日本国王《にっぽんこくおう》にしてやろう。」

と書《か》いてあるだけで、秀吉《ひでよし》が要求《ようきゅう》したことなどには、まったくふれていなかったのです。明《みん》の皇帝《こうてい》から、こんな書《か》きつけをもらうということは、明《みん》が日本《にっぽん》の国《くに》をしたがえたと同《おな》じことになります。秀吉《ひでよし》がおこったのもむりはありません。

はらを立《た》てた秀吉《ひでよし》は、すぐにまた朝鮮《ちょうせん》とのいくさを始《はじ》めるという命令《めいれい》を出《だ》しました。

このころ、いよいよ仲直《なかなお》りができて、つらいいくさももう終《お》わりだというので、日本《にっぽん》の軍勢《ぐんぜい》は、つぎつぎに朝鮮《ちょうせん》から引《ひ》きあげていましたが、そこへまた、この新《あたら》しい命令《めいれい》です。せっかく引《ひ》きあげてきたたくさんの軍勢《ぐんぜい》が、またあらためて、あとからあとから半島《はんとう》にわたることになったのです。

しかし今度《こんど》のいくさは、まえとちがって、なかなか秀吉《ひでよし》の思《おも》うとおりにはいきませんでした。大名《だいみょう》たちのなかには、こんなむだないくさをいつまでもつづけることに、反対《はんたい》する者《もの》もありましたが、秀吉《ひでよし》は、どうしてもいくさをやめようとはしなかったのです。

今度《こんど》のいくさも、はじめのあいだは、勝《か》ちいくさのように思《おも》われたのですが、それも、長《なが》くはつづきませんでした。はげしく反撃《はんげき》してくる朝鮮軍《ちょうせんぐん》のために苦《くる》しめられて、どこの陣《じん》でも、むりないくさを重《かさ》ねなければならなくなってきたのでした。

秀頼《ひでより》と象《ぞう》

年《とし》をとった秀吉《ひでよし》にとって、なによりも大《おお》きな楽《たの》しみは、おさない秀頼《ひでより》が元気《げんき》に育《そだ》っていることでした。

秀吉《ひでよし》はまえに、おいの秀次《ひでつぐ》に関白《かんぱく》の座《ざ》をゆずって、あとをつがせることを決《き》めてしまったのを後悔《こうかい》していました。かわいい秀頼《ひでより》に、あとをつがせたいと思《おも》ったからでした。

いっぽう関白《かんぱく》になった秀次《ひでつぐ》も、秀吉《ひでよし》のそんな気持《きも》ちをよく見《み》ぬいていました。これから先《さき》、自分《じぶん》はどうなることだろうと思《おも》うと、落《お》ちついていられません。いらいらしてくるのです。そして日《ひ》ましにおこりっぽくなり、目立《めだ》って、あらあらしいふるまいが多《おお》くなってきました。そこで、

「関白《かんぱく》どのは毛利輝元《もうりてるもと》と組《く》んで、太閤《たいこう》さまをほろぼそうとたくらんでいます。」

などと、秀吉《ひでよし》のところへ告《つ》げ口《ぐち》する人《ひと》もありました。秀吉《ひでよし》はたいそうおこり、とうとう秀次《ひでつぐ》を高野山《こうやさん》のお寺《てら》に送《おく》って、そこではらを切《き》らせてしまいました。秀次《ひでつぐ》ばかりではありません。秀次《ひでつぐ》のそばに仕《つか》えていた人《ひと》たちは、女《おんな》も子《こ》どももすべてとらえられて、殺《ころ》されてしまったのです。

秀次《ひでつぐ》さえいなくなれば、あとをつぐ者《もの》は秀頼《ひでより》だけです。しかしその秀頼《ひでより》が、ようや

く三つになったばかりの子《こ》どもなのですから、年《とし》をとった秀吉《ひでよし》にとっては、これほど気《き》がかりなことはありません。自分《じぶん》は年《とし》をとるばかりですが、秀頼《ひでより》はなかなか大《おお》きくなりません。いくら太閤《たいこう》の秀吉《ひでよし》でも、わかがえることはできません。またおさない子《こ》を、わずかのあいだにりっぱな青年《せいねん》にしてしまうこともできないのです。

その秀頼《ひでより》が、やがて六つになったころのことです。大坂《おおざか》の城《しろ》にめずらしいおくりものがとどきました。それは、遠《とお》いフィリピンから来《き》た使《つか》いが運《はこ》んできた象《ぞう》でした。フィリピンはこのころ、スペインの領地《りょうち》になっていて、スペイン人《じん》の総督《そうとく》がおさめていました。スペインは、世界一大《せかいいちおお》きな強《つよ》い国《くに》でしたが、秀吉《ひでよし》はそんなことは知《し》りませんでした。そして、フィリピンにいる総督《そうとく》に手紙《てがみ》を送《おく》って、自分《じぶん》の威勢《いせい》をしめして、降参《こうさん》してこい、とおどかしたこともあったのです。

また、土佐《とさ》の国《くに》に着《つ》いたスペインの船《ふね》が積《つ》んでいた荷物《にもつ》をとりあげたり、スペイン人《じん》の神父《しんぷ》をはじめ、おおぜいのキリスト教《きょう》の信者《しんじゃ》を火《ひ》あぶりにしてしまったこともありました。しかしフィリピンでは、秀吉《ひでよし》となかよくしていきたいと思《おも》っていたので、この使《つか》いを送《おく》ってきたのでした。

大《おお》きな象《ぞう》が象使《ぞうつか》いにつれられて、庭先《にわさき》に姿《すがた》をあらわしました。秀吉《ひでよし》は秀頼《ひでより》の手《て》を引《ひ》いて、縁先《えんさき》に出《で》てみました。象《ぞう》が前足《まえあし》を折《お》って、3度頭《どあたま》を下《さ》げるのを見《み》て、秀吉《ひでよし》はびっくりしてしまいました。

「なかなか、かしこいけものだ。名《な》はなんというのか。」

「はい、ドン・ペドロとよんでおります。」

そこで秀吉《ひでよし》は、象《ぞう》に向《む》かって大《おお》きな声《こえ》を上《あ》げて、

「ドン・ペドロ、ドン・ペドロ。」

とよんでみました。象《ぞう》がかしこまってあいさつをしたので、秀吉《ひでよし》は思《おも》わず手《て》をたたいて、

「おお、さて、さて、さて。」

と言《い》って、すっかり感心《かんしん》したようすでした。そのあと、象《ぞう》は長《なが》い鼻《はな》をぐっとのばして、秀吉《ひでよし》の手《て》から瓜《うり》を受《う》けとって、一度頭《どあたま》の上《うえ》に高《たか》くさしあげたあと、大《おお》きな口《くち》に、

それを放《ほう》りこみました。

それから、足《あし》もとのお皿《さら》の上《うえ》にもりあげた瓜《うり》や桃《もも》を、つぎつぎに、みんな食《た》べてしまいました。おさない秀頼《ひでより》は、父《ちち》の秀吉《ひでよし》の着物《きもの》のすそにすがって目《め》を丸《まる》くして、この不思議《ふしぎ》なけものを見《み》つめていました。

だれよりもたよりにしている父《ちち》の秀吉《ひでよし》が、どんなに大《おお》きな力《ちから》をもっている人《ひと》か、またその大《おお》きな力《ちから》のために、どんなに心《こころ》の中《なか》で苦《くる》しんでいるか、などということは、おさない秀頼《ひでより》にはまだわかりませんでした。まして、その父《ちち》が死《し》んだあと、自分《じぶん》の身《み》の上《うえ》におそろしいことが起《お》ころうなどとは、考《かんが》えるはずもなかったのです。

夢《ゆめ》のまた夢《ゆめ》

慶長《けいちょう》3(1598)年《ねん》の春《はる》、京都《きょうと》に近《ちか》い山科《やましな》(現在《げんざい》は京都市《きょうとし》)の醍醐寺《だいごじ》で、秀吉《ひでよし》をむかえて、にぎやかなお花見《はなみ》がもよおされることになりました。

このお寺《てら》は平安朝《へいあんちょう》のころからさかえていたところで、いまでも、りっぱな庭《にわ》で名高《なだか》い三宝院《さんぽういん》という大《おお》きなお寺《てら》があって、山門《さんもん》の向《む》こうには、美《うつく》しい五重《ごじゅう》の塔《とう》がそびえています。また山道《やまみち》をのぼって上《かみ》のほうには、古《ふる》いお堂《どう》がならんで、春《はる》は花《はな》、秋《あき》はもみじの景色《けしき》の美《うつく》しいところです。

その日《ひ》、秀吉《ひでよし》と秀頼《ひでより》をはじめ、奥方《おくがた》や淀殿《よどどの》、そのほか、おそばに仕《つか》える人《ひと》びとを乗《の》せたりっぱな輿《こし》の行列《ぎょうれつ》が、伏見《ふしみ》の城《しろ》を出《で》て、三宝院《さんぽういん》に向《む》かいました。

おおぜいのおともの人《ひと》びとも、みんなきれいな衣装《いしょう》で着《き》かざって、目《め》もさめるほどの美《うつく》しさです。いっぱいにさきみだれた桜《さくら》は、緑《みどり》の松《まつ》にうつって、人《ひと》の心《こころ》をうき立《た》たせます。道《みち》ばたには青竹《あおだけ》の垣根《かきね》をならべ、大《おお》きな桐《きり》の紋《もん》をつけた錦《にしき》の幕《まく》をはり、そのみごとなことは、たとえようもないほどです。もっともその垣根《かきね》の向《む》こうには、ところどころに番所《ばんしょ》がたてられ、警護《けいご》の武士《ぶし》たちがきびしく守《まも》りをかためているのです。

秀吉《ひでよし》は、おさない秀頼《ひでより》の手《て》をとって、花《はな》の下《した》を歩《ある》きました。奥方《おくがた》たちもそれぞれ、晴《は》れ着《ぎ》で着《き》かざった腰元《こしもと》をつれて、あとからついていきます。かすみにけむるみねみ

ね、こずえに鳴《な》く小鳥《ことり》の声《こえ》、きよらかな水《みず》の流《なが》れ、こけにつつまれた石橋《いしばし》、いまをさかりにさいていている山吹《やまぶき》のしげみ、のどかな春《はる》の景色《けしき》に、秀吉《ひでよし》もうっとりとして、朝鮮《ちょうせん》でいくさをつづけている家来《けらい》たちのことなど、わすれてしまいました。

大名《だいみょう》たちも、この日《ひ》ばかりは、すっかりくつろいでいました。日《ひ》ごろ秀吉《ひでよし》の恩《おん》を受《う》けている、京都《きょうと》や大坂《おおざか》・堺《さかい》などの金持《かねも》ちの商人《しょうにん》たちも、おおぜい集《あつ》まってきて、お酒《さけ》やさかな、数《かず》かずのごちそうやおかしが、いっぱい用意《ようい》されていました。山《やま》から山《やま》へつなをはって、かごに入《い》れたお酒《さけ》やごちそうを運《はこ》ぶ、かわったくふうも、秀吉《ひでよし》の気《き》に入《い》りました。

「めでたやな、松《まつ》の下《した》、千代《ちよ》も幾千代《いくちよ》、八千代《やちよ》。」

などと、声《こえ》を合《あ》わせて歌《うた》う歌声《うたごえ》も聞《き》こえてきます。これは、秀吉《ひでよし》のさかんな勢《いきお》いをいわう歌《うた》です。このとき、秀吉《ひでよし》は次《つぎ》のような歌《うた》をよみました。

あらためて　名《な》をかえてみん　深雪山《みゆきやま》
うずもる花《はな》も　あらわれにけり

秀吉《ひでよし》が筆《ふで》をとって、この歌《うた》を書《か》きつけた短冊《たんざく》が、いまもつたえられています。深雪《みゆき》山《やま》というのは、この年《とし》、秀吉《ひでよし》が来《き》たとき、三宝院《さんぽういん》につけた名《な》です。この歌《うた》は、深雪山《みゆきやま》と名《な》をあらためたので、このお寺《てら》の花《はな》もひとしおみごとになった、という意味《いみ》になります。

この醍醐《だいご》の花見《はなみ》は、派手《はで》なことのすきな秀吉《ひでよし》が、これまでに行《おこな》ったいろいろなもよおしのなかでも、いちばんはなやかな、大《おお》がかりなものでした。しかもそれは、秀吉《ひでよし》の一生《いっしょう》をかざる最後《さいご》のぜいたくだったといえます。

このにぎやかな花見《はなみ》の楽《たの》しかった思《おも》い出《で》を、人《ひと》びとはいつまでもわすれることができませんでしたが、やがて、山々《やまやま》が緑《みどり》につつまれるころになって、太閤《たいこう》さまが重《おも》い病《びょう》気《き》になった、といううわさが広《ひろ》まりだしました。秀吉《ひでよし》はこの年《とし》、62歳《さい》でした。あれほど元気《げんき》だった人《ひと》が、すっかりやせおとろえて、食《た》べるものも、のどを通《とお》らないようになったのです。

「もう助《たす》からないのかもしれない。」

そう思《おも》うと、秀吉《ひでよし》は、おさない秀頼《ひでより》のことがいっそう心配《しんぱい》でたまらなくなってきました。

まだそれほど病気《びょうき》が重《おも》くならなかったころ、ある日《ひ》、大名《だいみょう》たちを集《あつ》めて、あいさつを受《う》けたことがありました。そのあと、秀吉《ひでよし》はおそばの家来《けらい》に向《む》かって、

「わしも、もうすっかり体《からだ》がおとろえてしまった。わしの心《こころ》からの願《ねが》いは、秀頼《ひでより》がせめて15歳《さい》になって、りっぱなあとつぎとして、今日《きょう》のように、大名《だいみょう》たちを前《まえ》に集《あつ》めて目通《めどお》りをさせるのを、そばで見《み》ていることだった。しかし、まだ秀頼《ひでより》はわずか6歳《さい》だ。とても、この望《のぞ》みをとげることはむずかしいことだろう。」

と言《い》って、なみだをふきました。家来《けらい》たちもみんな頭《あたま》を下《さ》げたまま、秀吉《ひでよし》の胸《むね》の中《なか》を思《おも》って、なみだにむせんだのでした。

秀吉《ひでよし》の家来《けらい》の大名《だいみょう》のなかで、いちばん勢《いきお》いもあり、また秀吉《ひでよし》がたよりにしていたのは、徳川家康《とくがわいえやす》でした。秀吉《ひでよし》は、家康《いえやす》にたのんで、いまに秀頼《ひでより》が大《おお》きくなったら、家康《いえやす》の孫娘《まごむすめ》にあたる千姫《せんひめ》と結婚《けっこん》をさせる、という約束《やくそく》をむすびました。こうして縁続《えんつづ》きに

なれば、家康《いえやす》も、きっと秀頼《ひでより》のためにつくしてくれるだろう、と考《かんが》えたからです。
秀吉《ひでよし》はまた、秀頼《ひでより》が大《おお》きくなるまでは、家康《いえやす》をはじめ、前田利家《まえだとしいえ》、毛利輝元《もうりてるもと》など、5人《にん》のおもだった大名《だいみょう》が、おたがいに相談《そうだん》して、秀頼《ひでより》を助《たす》けて、国《くに》のおさめ方《かた》を決《き》めていくように言《い》いのこしました。

そして大名《だいみょう》たちに言《い》いつけて、けっして秀頼《ひでより》にそむくようなことはいたしませんという、ちかいの書《か》きつけをさしださせたのです。その書《か》きつけには、大名《だいみょう》たちが指先《ゆびさき》を切《き》って血《ち》を出《だ》し、その血《ち》を名前《なまえ》の上《うえ》におしてちかった血判《けっぱん》がありました。

秀吉《ひでよし》が、家康《いえやす》をはじめ、5人《にん》のおもだった大名《だいみょう》にあてて書《か》いた最後《さいご》の手紙《てがみ》が、いまでものこっています。それには、

「秀頼《ひでより》がりっぱにやっていけるようにお願《ねが》いします。ほかには、なにも思《おも》いのこすことはありません。くれぐれも秀頼《ひでより》のことをたのみます。なごりおしいことです。」

と書《か》いてあります。

こうして秀吉《ひでよし》は、伏見《ふしみ》の城《しろ》で、そのはなやかな一生《いっしょう》を終《お》えたのです。

つゆと落《お》ち　つゆと消《き》えにし　わが身《み》かな
　なにわのことも　夢《ゆめ》のまた夢《ゆめ》

これが秀吉《ひでよし》ののこした、最後《さいご》の歌《うた》です。

まずしい農民《のうみん》の子《こ》として生《う》まれ、日本《にっぽん》をひとつにまとめる大《おお》きな仕事《しごと》をなしとげて、関白《かんぱく》にまで出世《しゅっせ》した秀吉《ひでよし》の一生《いっしょう》も、草《くさ》の葉《は》の上《うえ》に光《ひか》る朝《あさ》つゆのように、はかなく消《き》えさってしまったのでした。

大坂《おおざか》（難波《なにわ》）に日本一《にほんいち》のりっぱな城《しろ》をきずいて、その勢《いきお》いをほこったことも、また、はかない夢《ゆめ》にしかすぎなかったのでした。

秀吉《ひでよし》が死《し》んだので、朝鮮《ちょうせん》とのいくさも、ようやく終《お》わりをつげることになりました。つかれきった軍勢《ぐんぜい》は、あとからあとから、船《ふね》に乗《の》って引《ひ》きあげてきました。まったく、むだないくさをつづけたものだということができます。

遠《とお》く海《うみ》の外《そと》の国《くに》にまで、勢《いきお》いをのばそうとした秀吉《ひでよし》の大《おお》きな夢《ゆめ》は、こうしてあわのように消《き》えさってしまいました。

いっぽう、あとつぎの秀頼《ひでより》に自分《じぶん》の威勢《いせい》をそのままつたえ、日本全体《にっぽんぜんたい》をおさめさせたい、とねがった秀吉《ひでよし》の最後《さいご》の望《のぞ》みも、いちばんたよりにしていた徳川家康《とくがわいえやす》のために、そののちほどなく、くだかれてしまうことになるのです。

（終《お》わり）

本書《ほんしょ》は講談社火《こうだんしゃひ》の鳥伝記文庫《とりでんきぶんこ》『豊臣秀吉《とよとみひでよし》』（1981年《ねん》11月《がつ》19日初版《にちしょはん》）を底本《ていほん》に、近年《きんねん》の研究《けんきゅう》に基《もと》づいて必要《ひつよう》な改訂《かいてい》を行《おこな》ったものです。また今日《こんにち》では使《つか》うことを避《さ》けることばも見《み》うけられますが、描《えが》かれている時代《じだい》の状況《じょうきょう》を考慮《こうりょ》し、そのままとしました。

豊《とよ》臣《とみ》秀《ひで》吉《よし》の年《ねん》表《ぴょう》

年代《ねんだい》	年齢《ねんれい》	できごと	世《よ》の中《なか》の動《うご》き
1534（天文《てんぶん》3）			織田《おだ》信長《のぶなが》が生《う》まれる。
1537（天文《てんぶん》6）	1歳《さい》	尾張《おわり》の国《くに》、中村《なかむら》に生《う》まれる。	
1542（天文《てんぶん》11）			徳川《とくがわ》家康《いえやす》が生《う》まれる。
1543（天文《てんぶん》12）	7歳《さい》	父《ちち》、木下《きのした》弥《や》右衛《え》門《もん》死《し》去《きょ》。	ポルトガル人《じん》が、九州《きゅうしゅう》の種子島《たねがしま》に着《つ》き、鉄砲《てっぽう》がつたわる。
1549（天文《てんぶん》18）			宣教師《せんきょうし》ザビエルがキリスト教《きょう》をつたえる。
1550（天文《てんぶん》19）	14歳《さい》	家《いえ》を出《で》る。	
1551（天文《てんぶん》20）	15歳《さい》	遠江《とおとうみ》の国《くに》へ行《い》き、松下《まつした》加《か》兵《へ》衛《え》に仕《つか》える。	
1554（天文《てんぶん》23）	18歳《さい》	織田《おだ》信長《のぶなが》に仕《つか》える。木下《きのした》藤《とう》吉《きち》郎《ろう》を名乗《なの》る。	
1560（永禄《えいろく》3）			桶狭間《おけはざま》で信長《のぶなが》が今川《いまがわ》義元《よしもと》をたおす。

1561（永禄《えいろく》4）			武田信玄《たけだしんげん》と上杉謙信《うえすぎけんしん》、川中島《かわなかじま》で激闘《げきとう》する。
1566（永禄《えいろく》9）	30歳《さい》	墨俣築城《すのまたちくじょう》で手柄《てがら》を立《た》てる。	
1568（永禄《えいろく》11）			足利義昭《あしかがよしあき》、将軍《しょうぐん》となる。
1570（元亀《げんき》1）	34歳《さい》	姉川《あねがわ》の戦《たたか》いで手柄《てがら》を立《た》てる。	
1573（元亀《げんき》4）（天正《てんしょう》1）	37歳《さい》	浅井長政《あざいながまさ》がほろびたあと、小谷城《おだにじょう》のあるじとなる。羽柴《はしば》の姓《せい》を名乗《なの》り、筑前守《ちくぜんのかみ》となる。	室町幕府《むろまちばくふ》がほろびる。
1574（天正《てんしょう》2）	38歳《さい》	近江今浜城《おうみいまはまじょう》にうつり、今浜《いまはま》を長浜《ながはま》とあらためる。	
1576（天正《てんしょう》4）			信長《のぶなが》が安土城《あづちじょう》をきずく。
1577（天正《てんしょう》5）	41歳《さい》	信長《のぶなが》から、毛利氏《もうりし》とたたかう総指揮《そうしき》をまかされる。	
1581（天正《てんしょう》9）	45歳《さい》	鳥取城《とっとりじょう》を兵糧《ひょうろう》ぜめにする。	
1582（天正《てんしょう》10）	46歳《さい》	高松城《たかまつじょう》を水《みず》ぜめにする。本能寺《ほんのうじ》の変《へん》の知《し》らせを受《う》け、毛利氏《もうりし》と和睦《わぼく》して引《ひ》きかえし、山崎《やまざき》の戦《たたか》いで明智光秀《あけちみつひで》をほろぼす。検地《けんち》を始《はじ》める。	信長《のぶなが》が、本能寺《ほんのうじ》で明智光秀《あけちみつひで》にたおされる。

1583（天正《てんしょう》11）	47歳《さい》	賤ヶ岳《しずがたけ》の戦《たたか》いで柴田勝家《しばたかついえ》の軍《ぐん》をやぶり、北庄《きたのしょう》でほろぼす。大坂城《おおざかじょう》の築城《ちくじょう》を始《はじ》める。	
1585（天正《てんしょう》13）	49歳《さい》	紀伊《きい》の国《くに》を平《たい》らげる。四国《しこく》の長曾我部元親《ちょうそかべもとちか》が降参《こうさん》する。関白《かんぱく》に任《にん》ぜられる。	
1586（天正《てんしょう》14）	50歳《さい》	太政大臣《だいじょうだいじん》となる。このころから豊臣《とよとみ》の姓《せい》を名《な》乗《の》る。	
1587（天正《てんしょう》15）	51歳《さい》	九州《きゅうしゅう》にせめいり、島津《しまづ》氏《し》を降参《こうさん》させる。キリスト教《きょう》を禁止《きんし》する。北野《きたの》の大茶《おおちゃ》の湯《ゆ》を開《ひら》き、都《みやこ》の人《ひと》びとをよろこばせる。	キリシタン大名《だいみょう》、大村純忠《おおむらすみただ》・大友宗麟《おおともそうりん》死去《しきょ》。
1588（天正《てんしょう》16）	52歳《さい》	後陽成天皇《ごようぜいてんのう》を聚楽第《じゅらくだい》にまねく。刀狩《かたなが》りを行《おこな》う。天正大判《てんしょうおおばん》をつくる。	
1589（天正《てんしょう》17）	53歳《さい》	鶴松《つるまつ》が生《う》まれる。	
1590（天正《てんしょう》18）	54歳《さい》	小田原城《おだわらじょう》をせめおとし、北条氏《ほうじょうし》を降参《こうさん》させる。東北地方《とうほくちほう》をしたがえる。	ローマへわたった少年使節《しょうねんしせつ》が帰《かえ》る。
1591（天正《てんしょう》19）	55歳《さい》	千利休《せんのりきゅう》を自殺《じさつ》させる。鶴松《つるまつ》死去《しきょ》。おいの秀次《ひでつぐ》をあとつぎに決《き》める。秀次《ひでつぐ》が関白《かんぱく》になったので、太閤《たいこう》とよばれる。	

1592（天正《てんしょう》20）	56歳《さい》	名護屋《なごや》に本営《ほんえい》をおいて、朝鮮《ちょうせん》に軍勢《ぐんぜい》を送《おく》る（文禄《ぶんろく》の役《えき》）。母《はは》（大政所《おおまんどころ》）死去《しきょ》。	
1593（文禄《ぶんろく》2）	57歳《さい》	秀頼《ひでより》が生《う》まれる。	
1594（文禄《ぶんろく》3）	58歳《さい》	伏見城《ふしみじょう》をきずく。	
1595（文禄《ぶんろく》4）	59歳《さい》	秀次《ひでつぐ》を高野山《こうやさん》で自殺《じさつ》させる。	
1596（慶長《けいちょう》1）			家康《いえやす》、内大臣《ないだいじん》になる。
1597（慶長《けいちょう》2）	61歳《さい》	また、朝鮮《ちょうせん》に軍勢《ぐんぜい》を送《おく》る（慶長《けいちょう》の役《えき》）。	
1598（慶長《けいちょう》3）	62歳《さい》	醍醐《だいご》の花見《はなみ》を開《ひら》く。伏見城《ふしみじょう》で死去《しきょ》。	

年齢《ねんれい》は数《かぞ》え年《どし》

豊臣秀吉《とよとみひでよし》をめぐる歴史人物伝《れきしじんぶつでん》

秀吉《ひでよし》が忠誠《ちゅうせい》をちかった武将《ぶしょう》

織田信長《おだのぶなが》

1534-1582年《ねん》

尾張《おわり》の国《くに》（愛知県西部《あいちけんせいぶ》）の那古野城《なごやじょう》で、織田信秀《おだのぶひで》のあとつぎとして生《う》まれた。父《ちち》が急《きゅう》に亡《な》くなったため、18歳《さい》の若《わか》さであとをつぐ。だらしないかっこうで、おかしな行《こう》動《どう》をくりかえしたので、人《ひと》びとから「大《おお》うつけ（おろか者《もの》）」と言《い》われていた。

しかし、天下統一《てんかとういつ》の大目標《だいもくひょう》をかかげ、新《あたら》しいものをどんどんとりいれて、しだいに戦国大名《せんごくだいみょう》としての実力《じつりょく》を身《み》につけていく。

とくに、すぐれた政治《せいじ》のセンスは、後《のち》に豊臣秀吉《とよとみひでよし》や徳川家康《とくがわいえやす》に引《ひ》きつがれた。たとえば、街道《かいどう》を整備《せいび》して商業《しょうぎょう》をさかんにし、外国《がいこく》との貿易《ぼうえき》も行《おこな》った。農民《のうみん》からの年貢《ねんぐ》だけにたよらず、商人《しょうにん》から税金《ぜいきん》をとることで、財政《ざいせい》を豊《ゆた》かにした。それをもとに、鉄《てっ》砲《ぽう》や大砲《たいほう》をそなえた軍船《ぐんせん》など、それまでにはなかった、強力《きょうりょく》な武力《ぶりょく》を手《て》にしている。

天下統一《てんかとういつ》を目前《もくぜん》にして、本能寺《ほんのうじ》で明智光《あけちみつ》秀《ひで》の裏切《うらぎ》りにあい、命《いのち》をなくしたが、新《あたら》しい世《よ》の中《なか》の土台《どだい》をつくったのはたしかだ。

天下《てんか》をねらう
東《ひがし》の大人物《だいじんぶつ》

徳川家康《とくがわいえやす》

1542-1616年《ねん》

三河《みかわ》の国《くに》（愛知県東部《あいちけんとうぶ》）をおさめる小《ちい》さな大名《だいみょう》の松平家《まつだいらけ》に生《う》まれた家康《いえやす》は、まわりの力《ちから》の強《つよ》い大名《だいみょう》にしたがうため、6歳《さい》から19歳《さい》まで、織田家《おだけ》や今川家《いまがわけ》の人質《ひとじち》となった。きびしい戦国《せんごく》の大人《おとな》の世界《せかい》でもまれながら、がまん強《づよ》さや人《ひと》を見《み》る目《め》、人《ひと》の生《い》かし方《かた》、自分《じぶん》の生《い》き方《かた》を学《まな》んだ。

もともと家康《いえやす》は、人《ひと》にはめぐまれていた。「三河武士《みかわぶし》」とよばれる、武術《ぶじゅつ》にすぐれた、信頼《しんらい》できる家臣《かしん》が、多《おお》くいたからだ。また、信長《のぶなが》の死後《しご》、甲斐《かい》、信濃《しなの》もおさめることになると、ほろんだ武田家《たけだけ》の元家臣《もとかしん》をむかえいれ、より強力《きょうりょく》な家臣団《かしんだん》をつくりあげた。

秀吉《ひでよし》の命令《めいれい》で三河《みかわ》をはなれ、関東《かんとう》にうつされても、その結束《けっそく》はゆるぎなく、江戸城《えどじょう》を改修《かいしゅう》して居城《きょじょう》とし、関東地方《かんとうちほう》の発展《はってん》の基《き》礎《そ》をつくった。

秀吉《ひでよし》の死後《しご》、関ヶ原《せきがはら》の戦《たたか》いでは、東軍《とうぐん》の大将《たいしょう》として勝利《しょうり》し、朝廷《ちょうてい》から征夷大将軍《せいいたいしょうぐん》に任命《にんめい》され、江戸《えど》に幕府《ばくふ》を開《ひら》く。江戸《えど》に近《ちか》いところには、信頼《しんらい》できる大名《だいみょう》を配置《はいち》し、最《さい》後《ご》の仕上《しあ》げとして、大坂《おおざか》の陣《じん》で豊臣氏《とよとみし》をほろぼす。徳川幕府《とくがわばくふ》が支配《しはい》する260年《ねん》におよぶ平和《へいわ》な時代《じだい》は、こうして幕《まく》が開《あ》いた。

茶《ちゃ》の湯《ゆ》の師匠《ししょう》

千利休《せんのりきゅう》

1522-1591年《ねん》

天下一《てんかいち》の茶人《ちゃじん》といわれた利休《りきゅう》は、堺《さかい》（大《おお》阪府《さかふ》）の大商人《だいしょうにん》の家《いえ》に生《う》まれた。当時《とうじ》の堺《さかい》は、大名《だいみょう》に支配《しはい》されず、商人《しょうにん》が自由《じゆう》に貿易《ぼうえき》ができる都市《とし》で、文化《ぶんか》もさかえていた。

利休《りきゅう》が一流《いちりゅう》の茶人《ちゃじん》としてみとめられるようになったころ、信長《のぶなが》が堺《さかい》での権力《けんりょく》を強《つよ》める。信長《のぶなが》は茶《ちゃ》の湯《ゆ》にも関心《かんしん》をよせ、利休《りきゅう》を師匠《ししょう》（先生《せんせい》）とした。

秀吉《ひでよし》も信長《のぶなが》以上《いじょう》に茶《ちゃ》に熱心《ねっしん》で、大規模《だいきぼ》な茶会《ちゃかい》を開《ひら》いて、自分《じぶん》の権力《けんりょく》を見《み》せつけた。そのために利休《りきゅう》を重《おも》く用《もち》いた。利休《りきゅう》のほうも、天下一《てんかいち》の茶人《ちゃじん》の座《ざ》を守《まも》るため、権力《けんりょく》とむすびついていたほうがよかったのだ。しかし、価値観《かちかん》のちがいから、しだいに意見《いけん》が合《あ》わなくなり、最後《さいご》は切腹《せっぷく》させられた。

京都府《きょうとふ》のお寺《てら》に、国宝《こくほう》になっている「待《たい》庵《あん》」という小《ちい》さな茶室《ちゃしつ》がある。利休《りきゅう》が設計《せっけい》したもので、広《ひろ》さはたたみ2畳分《じょうぶん》。むだな部分《ぶぶん》がまったくない。入《い》り口《ぐち》もせまく、ひくいところにあるので、秀吉《ひでよし》でさえ、刀《かたな》を外《はず》し、頭《あたま》を下《さ》げてはうようにして入《はい》った。茶室《ちゃしつ》では身分《みぶん》のちがいは関係《かんけい》なく、平等《びょうどう》だという、利休《りきゅう》の考《かんが》えが表《あらわ》れている。秀吉《ひでよし》がつくった金《きん》の茶室《ちゃしつ》とは大《おお》ちがいだ。

頭《あたま》が切《き》れる
秀吉《ひでよし》のライバル

明智光秀《あけちみつひで》

1528(?)-1582年《ねん》

父親《ちちおや》を早《はや》くに亡《な》くし、おじとともに美濃《みの》の国《くに》（岐阜県南部《ぎふけんなんぶ》）の明智城《あけちじょう》を守《まも》っていたが、28歳《さい》のとき、斎藤氏《さいとうし》にせめられて落《らく》城《じょう》。浪人生活《ろうにんせいかつ》を送《おく》る。しかし、優秀《ゆうしゅう》な人物《じんぶつ》だったので、越前《えちぜん》の国《くに》（福井県北部《ふくいけんほくぶ》）の朝倉《あさくら》氏《し》に仕《つか》えたあと、将軍《しょうぐん》・足利義昭《あしかがよしあき》の家来《けらい》になった。将軍《しょうぐん》との間《あいだ》をとりもったのがきっかけで、信長《のぶなが》にむかえられ大出世《だいしゅっせ》した。信《のぶ》長《なが》を裏切《うらぎ》った理由《りゆう》はいまもなぞのままだ。

秀吉《ひでよし》の妻《つま》のひとり

淀殿《よどどの》

1569(?)-1615年《ねん》

近江《おうみ》の国《くに》（滋賀県《しがけん》）の大名《だいみょう》・浅井長政《あざいながまさ》と、織田信長《おだのぶなが》の妹《いもうと》・市《いち》との間《あいだ》に生《う》まれた。三姉《さんし》妹《まい》の長女《ちょうじょ》で、小《ちい》さいころの名前《なまえ》は茶々《ちゃちゃ》。父《ちち》・長政《ながまさ》が信長《のぶなが》にやぶれたときに、母《はは》と三《さん》姉妹《しまい》は城《しろ》から助《たす》けだされた。母《はは》の市《いち》は、信《のぶ》長《なが》の死後《しご》、その家来《けらい》だった柴田勝家《しばたかついえ》の妻《つま》となるが、秀吉《ひでよし》にやぶれ自害《じがい》。茶々《ちゃちゃ》は秀吉《ひでよし》にむかえられ、秀頼《ひでより》を産《う》む。大坂夏《おおざかなつ》の陣《じん》で徳《とく》川氏《がわし》にやぶれ、秀頼《ひでより》とともに自害《じがい》した。

鬼《おに》とよばれた
勇敢《ゆうかん》な武将《ぶしょう》

柴田勝家《しばたかついえ》

1522(?)-1583年《ねん》

尾張《おわり》の国《くに》（愛知県西部《あいちけんせいぶ》）で生《う》まれる。織《お》田信長《だのぶなが》の父《ちち》・信秀《のぶひで》に仕《つか》え、信長《のぶなが》があとをついでからも、主《おも》な家来《けらい》のひとりとして信長《のぶなが》をささえた。勇敢《ゆうかん》な、いかにも戦国時代《せんごくじだい》の武将《ぶしょう》らしい人物《じんぶつ》だった。信長亡《のぶながな》きあと、あとつぎを決《き》めるための清須会議《きよすかいぎ》で秀吉《ひでよし》と対《たい》立《りつ》し、たたかうことになった。勝家《かついえ》は秀吉《ひでよし》ほど多《おお》くの味方《みかた》を集《あつ》めることができず、北《きたの》庄《しょう》（福井市《ふくいし》）の城《しろ》で切腹《せっぷく》した。

秀吉《ひでよし》をささえた
五大老《ごたいろう》のひとり

毛利輝元《もうりてるもと》

1553-1625年《ねん》

祖父《そふ》は「三本《ぼん》の矢《や》」のエピソードで名高《なだか》い毛利元就《もうりもとなり》。「矢《や》は1本《ぽん》だと折《お》れやすいが、3本《ぼん》たばねると強《つよ》くて折《お》れにくい。」と、兄弟《きょうだい》が力《ちから》を合《あ》わせて毛利家《もうりけ》を守《まも》るよう説《と》いた。父《ちち》の隆元《たかもと》が急死《きゅうし》したため、輝元《てるもと》はわずか11歳《さい》で毛利家《もうりけ》をつぐ。そして、ふたりのおじとともに、中国地方《ちゅうごくちほう》での勢力《せいりょく》をかため、信長《のぶなが》に対抗《たいこう》した。信長《のぶなが》の死後《しご》、輝元《てるもと》は五大老《ごたいろう》のひとりとして秀吉《ひでよし》に仕《つか》えた。

伊達政宗《だてまさむね》

１５６７－１６３６年《ねん》

東北地方《とうほくちほう》の大名《だいみょう》。都《みやこ》から遠《とお》く、広《ひろ》い領地《りょうち》をもっていて、秀吉《ひでよし》になかなかしたがおうとしなかったので、警戒《けいかい》された。しかし、小田原《おだわら》の北条氏《ほうじょうし》をせめるときの大軍《たいぐん》を見《み》て、ようやく秀吉《ひでよし》にしたがうことにした。

北条氏政《ほうじょううじまさ》

１５３８－１５９０年《ねん》

関東地方《かんとうちほう》でもっとも大《おお》きな力《ちから》をもっていた大名《だいみょう》で、秀吉《ひでよし》の天下統一《てんかとういつ》の夢《ゆめ》の前《まえ》に立《た》ちはだかった。がんこ者《もの》で、秀吉《ひでよし》にしたがわなかったが、１５９０年《ねん》、全力《ぜんりょく》でせめこんできた秀吉《ひでよし》に、とうとうほろぼされた。

加藤清正《かとうきよまさ》

１５６２－１６１１年《ねん》

秀吉《ひでよし》の親戚《しんせき》にあたり、わかいころから家《け》来《らい》としてはたらいた。朝鮮《ちょうせん》での戦《たたか》いでも、先頭《せんとう》に立《た》ってたたかった。城《しろ》づくりの名人《めいじん》で、大坂城《おおざかじょう》をはじめ、天下《てんか》の名城《めいじょう》といわれる名古屋城《なごやじょう》や熊本城《くまもとじょう》をつくった。

福島正則《ふくしままさのり》

１５６１－１６２４年《ねん》

秀吉《ひでよし》の親戚《しんせき》で、父《ちち》の代《だい》から秀吉《ひでよし》に仕《つか》えた。明智光秀《あけちみつひで》との山崎《やまざき》の戦《たたか》いで手柄《てがら》を立《た》て、柴田勝家《しばたかついえ》を討《う》った賤ヶ岳《しずがたけ》の戦《たたか》い、朝鮮《ちょうせん》での戦《たたか》い、さらに関ヶ原《せきがはら》の戦《たたか》いでも活躍《かつやく》。しかし、徳川家康《とくがわいえやす》には警戒《けいかい》された。

著者紹介

岡田章雄　おかだ あきお

歴史学者。1908年、群馬県生まれ。東京帝国大学文学部卒業。東京大学史料編纂所員、東京大学教授、青山学院大学教授などを歴任。専門は16～17世紀における日欧交渉史とキリシタン研究。主な著書に『南蛮宗俗考』『三浦按針』『外国人の見た茶の湯』『キリシタン風土記』『キリシタン大名』『天草時貞』など。第二次世界大戦中の日本政府によるポスター収集家としても知られる。1982年死去。

画家紹介（カバー絵）

寺田克也　てらだ かつや

イラストレーター、漫画家。1963年岡山県生まれ。ゲーム、アニメ、実写映画のキャラクターデザイン、小説のカバー、挿絵、漫画など、幅広い分野で活躍中。海外での仕事も多い。おもな著書に「西遊奇伝・大猿王」シリーズ、『寺田克也式ガソリン生活』、『絵を描いて生きていく方法？』、画集『DRAGON GIRL & MONKEY KING』などがある。

画家紹介（本文さし絵）

八多友哉　やた ともや

イラストレーター。大阪府生まれ。ゲームや児童書で活躍中。おもな作品に、『まぼろしの秘密帝国MU』（楠木誠一郎、上・中・下）などがある。

監修――――山田《やまだ》邦和《くにかず》（同志社女子大学教授）
人物伝執筆――――八重野《やえの》充弘《みつひろ》
人物伝イラスト――――黒須《くろす》高嶺《たかね》
口絵写真――――『豊臣秀吉像』（東照大権現像）神戸市立博物館所蔵
Photo : Kobe City Museum / DNPartcom
『豊臣秀吉書状』（部分） 差出：（花押） 宛所：小早川左衛門佐・黒田勘解由・安国寺
福岡市博物館所蔵　画像提供：福岡市博物館 / DNPartcom
編集――――オフィス303

講談社 火の鳥伝記文庫　2

豊臣秀吉《とよとみひでよし》（新装版《しんそうばん》）

岡田章雄《おかだあきお》 **文**

1981年11月19日　第1刷発行
2017年5月10日　第80刷発行
2017年10月18日　新装版第1刷発行

発行者——鈴木　哲
発行所——株式会社 講談社
東京都文京区音羽2-12-21　郵便番号112-8001
電話　編集（03）5395-3536
販売（03）5395-3625
業務（03）5395-3615

ブックデザイン——祖父江 慎＋福島よし恵（コズフィッシュ）
印刷・製本——図書印刷株式会社
本文データ制作——講談社デジタル製作

N.D.C. 289　206p　18cm
Printed in Japan
ISBN978-4-06-149915-7

講談社《こうだんしゃ》 火《ひ》の鳥《とり》伝記《でんき》文庫《ぶんこ》 新装版《しんそうばん》によせて

火《ひ》の鳥《とり》は、世界中《せかいじゅう》の神話《しんわ》や伝説《でんせつ》に登場《とうじょう》する光《ひかり》の鳥《とり》です。灰《はい》のなかから何度《なんど》でもよみがえり、永遠《えいえん》の命《いのち》をもつといわれています。

伝記《でんき》に描《えが》かれている人々《ひとびと》は、人類《じんるい》や社会《しゃかい》の発展《はってん》に役立《やくだ》つすばらしい成果《せいか》を後世《こうせい》に残《のこ》した人々《ひとびと》です。みなさんにとっては、遠《とお》くまぶしい存在《そんざい》かもしれません。

しかし、かれらがかんたんに成功《せいこう》したのではないことは、この本《ほん》を読《よ》むとよくわかります。

一生懸命《いっしょうけんめい》取《と》り組《く》んでもうまくいかないとき、自分《じぶん》のしたいことがわからないとき、そして将来《しょうらい》のことを考《かんが》えるとき、みなさんを励《はげ》ましてくれるのは、先《さき》を歩《ある》いていった先輩《せんぱい》たちの努力《どりょく》するすがたや、失敗《しっぱい》の数々《かずかず》です。火《ひ》の鳥《とり》はかれらのなかにいて、くじけずチャレンジする力《ちから》となったのです。

伝記《でんき》のなかに生《い》きる人々《ひとびと》を親《した》しく感《かん》じるとき、みなさんの心《こころ》のなかに火《ひ》の鳥《とり》が羽《は》ばたいて将来《しょうらい》への希望《きぼう》を感《かん》じられることを願《ねが》い、この本《ほん》を贈《おく》ります。

2017年《ねん》10月《がつ》

講談社《こうだんしゃ》

豊臣秀吉